토익 잡는 비법서

토익 400점,
시크릿 노트로
900점 된 비법

토익 잡는 비법서

초판 1쇄 인쇄 2018년 8월 20일
초판 1쇄 발행 2018년 8월 30일

지은이 박신규
펴낸이 임충배
편집 양경자
홍보/마케팅 이종석, 김정실
디자인 여수빈
펴낸곳 도서출판 삼육오
제작 (주)피앤엠123

출판신고 2014년 4월 3일
등록번호 제406-2014-000035호

경기도 파주시 산남로 183-25
TEL 031-946-3196 / FAX 031-946-3171
홈페이지 www.pub365.co.kr

ISBN 979-11-86533-83-3 13650

이 도서의 국립중앙도서관 출판예정도서목록(CIP)은 서지정보유통지원시스템 홈페이지(http://seoji.nl.go.kr)와 국가자료공동목록시스템(http://www.nl.go.kr/kolisnet)에서 이용하실 수 있습니다. (CIP제어번호: CIP2018025947)

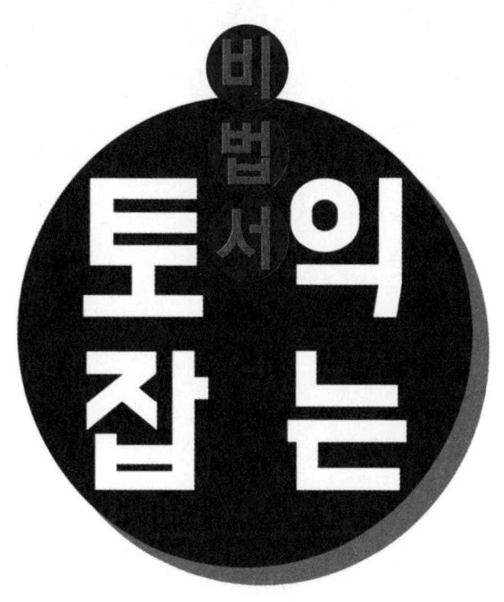
비법서
토익
잡는

족집게 비법 머리말

오랫동안 현장에서 토익 강의를 하면서 느꼈던 점은 토익 문법 출제 유형을 미리 파악하지 않고 그냥 많은 문제만 풀려고 한다면 어느 정도 한계에 부딪히게 된다는 사실이었습니다. 물론 상당한 어휘와 문법 실력을 갖추고 있다면 토익 문제들을 많이 접할수록 토익 점수는 향상될 것입니다. 반대로 어휘와 문법에 대한 기초 지식이 없다면 토익 R/C 점수가 쉽게 향상되지 않을뿐더러 독해 문제에서는 상당히 어려움을 겪게 될 것입니다.

토익 시험은 어느 정도 문제 패턴이 정해져 있기 때문에 그 출제 유형들을 철저하게 분석하면서 토익 문제들을 접하게 된다면 토익 공부 시간을 상당히 줄일 수 있을 뿐만 아니라 원하는 토익 점수를 쉽게 얻게 되는 것입니다. 최근 토익 시험을 분석해 보면 문법 문제는 거의 예전이나 지금이나 출제 포인트가 비슷합니다. 물론 최근 토익 시험에서 과거에 자주 출제된 문법이 덜 출제되고 오히려 좀 더 복잡해진 문법이 출제되는 경향이 가끔 보이지만 크게 보면 별 차이는 없습니다. 그러므로 문법은 최소한 간결하게 공부해 두고 오히려 어휘 학습에 많은 시간을 투자하는 것이 바람직합니다.

이 책의 특징은 토익 시험들을 철저하게 분석해서 마치 수학 공식(!)처럼 출제되고 있는 문법 유형들을 각 파트별로 깔끔하게 정리해 두었다는 점입니다. 다시 말해서 토익 시험에서 자주 출제되지 않는 유형들은 철저하게 배제되었습니다. 그러므로 각 파트의 기본 문법(Basic Grammar)을 먼저 학습해 두고, 그리고 공식처럼 매달 출제되는 유형들을 집중적으로 공부해 둔다면 좀 더 효과적으로 토익 문법 문제들을 해결할 수 있을 겁니다.

다시 한번 강조합니다. 토익 시험에서 빈번하게 출제되는 유형들을 철저하게 분석하는 것이 바로 토익 고득점의 지름길입니다. 아무쪼록 이 책이 토익을 공부하는 학습자들에게 조금이나마 도움이 되었으면 좋겠습니다.

저자 박신규

족집게 토익비법의 특징

1. 기초 문법

파트별로 꼭 공부해 두어야 할 문법을 간결하게 정리했습니다.

2. 족집게 비법 60

토익 시험에서 매달 출제되는 유형만 정리해 두었기 때문에 토익 시험 출제 유형을 한 눈에 쉽게 파악할 수 있습니다.

3. 해석

직독직해로 번역을 했기 때문에 문장 이해가 훨씬 수월해집니다.

4. 연습문제 맛보기 & 실전 문제

족집게 비법과 관련된 문제를 연습문제와 실전 문제로 구별하여 다루었기 때문에 연습문제를 통해서 유형을 파악하고 실전 문제를 통해서 유형에 대한 감각을 키우면 됩니다.

5. 토익 빈출 VOCA 1000

그동안 토익 시험에서 자주 출제되었던 어휘들만 따로 정리해 두었습니다. 토익 어휘를 학습할 때는 되도록 빈출 어휘들을 철저하게 분석하면서 공부해 나아가는 것이 좋습니다. 한 번 정답으로 출제된 어휘는 다른 형태로 다시 출제되기 때문입니다.

6. 다양한 토익 관련 부록

교재에서 다루지 못한 내용을 무료로 다운받을 수 있도록 했습니다.
홈페이지(www.pub365.co.kr) 도서 자료실에서 무료로 다운받으면 됩니다!

족집게 비법 노트 활용방법

UNIT01

명사란?

기초 문법

토익에 맞는 문법을 품사별로 정리하였습니다.

족집게 비법 01

부정관사(a, an) 정관사(the) 다음

토익 출제 POINT

The *popularity* of 정관사(the) +

The *appointment* of 정관사(the) +

족집게 비법 60

토익 시험에 매달 출제되는 유형을 비법 60개로 정리하였습니다.

* 교재에서 다루지 못한 내용 무료 다운로드
www.pub365.co.kr ⇨ 도서자료실

Once the office ---------- is fini
return to their regular schedu

(A) renovate
(C) renovation

직독직해 | 일단 사무실 개조가 / 완성되
이다 / 그들의 일상 스케줄로

(A) renovate – 동사는 명사
어 역할을 할 수가 없다.
(B) renovated – 과거동사와
오답처리 | 명사 office와 어울려 수동

직독직해

영어 문장을 쉽게 이해할 수 있도록 직독직해로 번역하였습니다.

04

❖ 연습 문제 맛보기

Once the office ---------- is finis
return to their regular schedul

(A) renovate
(C) renovation

❖ 실전 문제

Mr. Choi questioned the accu
statement issued by AL resea

(A) responded
(C) responding

연습문제 & 실전문제

족집게 비법과 관련된 연습문제와 실전문제로 체계적으로 학습할 수 있습니다.

0801~1000

801. completely - (ad) 완전히
ex) **completely** free of errors - 완전히 결함이 없는
ex) **completely** free of charge - 완전히 무료로
802. favorable - (a) 알맞은, 유리한
ex) **favorable** weather conditions - 알맞은 날씨 조건들
803. decade - (n) 10년간
ex) for at least a **decade** - 적어도 10년간

실전문제 01

정답 (B) competition

문제풀이
현재분사 increasing에 수식을 받으며 동사 may
빈칸에 나와야 한다. 선택지에서 명사품사는 c

족집게 비법 부록

책에 다루지 못한 토익 빈출 VOCA 1000과 실전문제 정답 및 해설을 무료 제공합니다.

홈페이지(www.pub365.co.kr) 도서 자료실 무료 다운로드

족집게 비법 노트 목차

제1장 토익 시험에서 매달 출제되는 문법!

제2장 토익 시험에서 가끔 출제되는 문법!

부록

CONTENTS

토익 시험에서 매달 출제되는 문법!

UNIT01

명사란?

족집게 비법 01

부정관사(a, an), 정관사(the) 다음에는 명사품사가 나온다

족집게 비법 02

소유격 또는 명사's(일반명사 소유격) 다음에는 명사품사가 나온다

족집게 비법 03

형용사, 현재분사(~ing), 과거분사(~ed) 다음에는 명사품사가 온다

족집게 비법 04

타동사(동사+명사)의 목적어로 명사품사가 필요하다

족집게 비법 05

명사품사는 문장의 주어 역할을 할 수가 있다

족집게 비법 06

전치사(preposition) 다음에는 명사품사가 자리를 잡는다

족집게 비법 07

명사가 명사를 형용사처럼 수식해 주는 경우가 바로 복합명사다

족집게 비법 08

명사(복합명사) 어휘문제가 출제된다

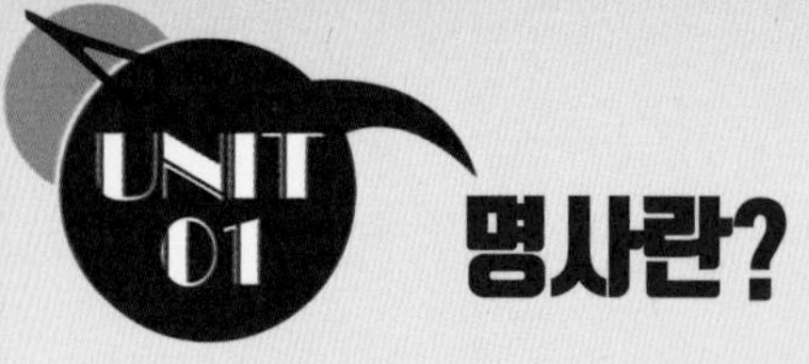

UNIT 01 명사란?

① 명사품사 문제는 매우 한정적이다.

토익 시험에서는 명사관련 문제들이 매달 출제되고 있는데 대표적인 예가 바로 명사품사자리 문제와 명사어휘문제이다. 명사어휘 문제는 종종 복합명사가 출제되고 있다. 이런 복합명사는 평소에 암기해 두는 것이 토익 시험에서 문제 풀이 시간을 확! 줄일 수 있는 방법이다.

또한 명사관련 문제는 선택지를 먼저 보면 어휘문제인지 품사문제인지 쉽게 파악할 수 있다. 다시 말해서 명사관련 문제는 '명사품사' 아니면 '명사어휘'라고 보면 된다. 우선 명사가 어느 위치에 나오는지 짧은 예문들을 보면서 파악해 보자. 쉽지만 잘 기억해두면 토익 시험에서 좋은 결과를 가질 수가 있다.

족집게 비법 05
'주어(명사품사) + 본동사'

명사라는 놈은 문장에서 주어 역할을 한다. 우리말에서 '은, 는, 이, 가'로 해석되는 부분에 명사품사가 나온다고 보면 된다.

예를 들어 'Notification must be made in writing.'을 보자. 해석상 '통보는 서면으로 작성되어야 한다.'인데 '통보는'에서 '통보(notification)'가 문장의 주어자리에 왔다. 뒤에 조사 '는'이 보인다.

명사자리 ❶ Notification must be made in writing.
통보는 서면으로 작성되어야 한다.

족집게 비법 02
'소유격 + 명사(명사품사)'

소유격 her은 '그녀의'라는 뜻이다. 우리말에 '~의'에 해당되는 말 다음에는 명사가 나오지 않는가! 영어도 마찬가지다. '그녀의 제안'이 자연스럽지 '그녀의 제안하다' 또는 '그녀의 제안하며', '그녀의 제안하는'처럼 보면 문맥이 정말 어색하다는 것을 쉽게 알 수가 있다.

명사자리 ❷ Her proposal will be accepted immediately.
그녀의 제안은 즉시 받아들여질 것이다.

족집게 비법 04

'타동사 + 목적어(명사품사)'

문장 구조상 Our company(우리 회사)가 주어가 되며 타동사 guarantees(보장한다)가 동사가 된다. 그리고 그다음에 나온 명사 delivery(배달)가 목적어 역할을 한다. 우리말에 조사 '을, 를'이 뒤에 붙는 경우 그 앞에 나온 어휘는 명사 역할을 한다. 즉, 명사는 주어자리에도 나올 수 있지만 목적어 자리에도 나올 수가 있는 것이다.

명사자리 ❸ Our company guarantees delivery by tomorrow.
우리 회사는 내일까지 배달을 보장한다.

족집게 비법 06

'전치사 + 목적어(명사품사)'

전치사란 명사 앞에 놓이는 조사를 말한다. 우린 '학교에', '학교도', '학교를'처럼 학교라는 명사 다음에 조사 '에', '도', '를'가 나오지만, 영어는 이와 반대로 명사 앞에 나온다. 즉 전치사에서 전치는 '~앞에 놓인다'라는 뜻이다. 명사 앞에 전치사가 온다는 의미다.

그러므로 토익 시험에서 전치사 다음에 빈칸이 보이면 우선 선택지에서 명사품사를 고르면 된다. 위 예문에서 into가 전치사 역할을 하며 consideration이 명사로 전치사 다음에 놓였다.

명사자리 ❹ Please take his proposal into consideration.
그의 제안을 심사숙고해 주십시오.

족집게 비법 01

'부정관사(a, an), 정관사(the) + 명사(명사품사)'

한정사 역할을 하는 a, an(부정관사), the(정관사)는 명사가 있어야 존재하는 녀석들이다. 한마디로 명사와 찰떡 궁합을 이룬다. 토익시험에서 이런 부정관사나 정관사 다음에 빈칸이 보이면 명사품사가 정답이다. 예전이나 최근의 토익 시험이나 여전히 똑같이 적용되는 문제라고 보면 된다.

특히 '정관사(the) ----- 전치사구' 구조가 자주 등장하는데 이럴 때는 보기에서 주저 없이 명사품사를 답으로 선택하면 된다.

명사자리 ❺ The purpose of this monthly meeting is to discuss our new plans.
이 월례회의의 목적은 우리의 새로운 계획들을 토론하는 것이다.

족집게 비법 03

'형용사/분사 + 명사(명사품사)'

명사는 형용사 또는 분사에 의해 수식을 받는다. 원래 형용사는 명사를 꾸며주는 역할을 한다. 그런데 동사에 -ing 또는 -ed를 붙여 형용사로 바꿀 수 있는데 이를 분사라고 한다.

여기에는 현재분사(-ing)와 과거분사(-ed)가 있다. 둘 다 동사를 기반으로 해서 만든 단어들인데 그렇다고 동사라고 보면 안 된다. 형용사다. 그래서 명사를 꾸며주는 성질을 가지게 된다.

예를 들어 significant(엄청난) gains(증가)에서 '증가'를 앞에서 '엄청난'이 꾸며주고 있다. 여기서 '엄청난(significant)'이 형용사 역할을 하는 것이다. 다시 말해서 명사를 앞에서 수식해 줄 수 있다.

다른 예로 existing(현재의) subscribers(구독자들) 구조에서 existing은 '존재하다'라는 자동사인 exist에서 파생된 형용사다. 영어의 특징 중에 동사 뒤에 -ing나 -ed를 덧붙여 형용사처럼 만들 수가 있다. 즉, 현재 분사란 현재 시제인 동사를 전체 또는 일부분 응용해서 만든 것이다. 결국 현재분사(existing)도 그다음에 나온 명사 subscribers를 앞에서 수식해 줄 수 있는 것이다.

명사자리 ❻ significant gains 엄청난 증가, existing subscribers 현재 구독자들

② 명사 / 동사

상황에 따라서 명사도 되고 동사도 되는 어휘들이다. 이런 단어들은 함께 기억해 두어야 한다. 평소에 동사로만 생각했던 단어들이 실제로는 명사도 되고 동사도 된다는 것이다.

분명 명사품사자리 문제인데 선택지에 명사는 보이지만 문맥상 통하지 않는다면 동사가 혹시 명사 역할을 하는지 잘 따져보자.

update	갱신/새롭게 하다	demand	수요/요구하다
review	평가/재검토하다	stay	체재 기간/머무르다
document	문서/증거를 제공하다	approach	접근/접근하다
request	요청/청하다	increase	증가/증가하다
change	변화/바꾸다	reform	개선/개혁하다

③ 가산명사 / 불가산명사

명사에는 두 가지가 있다. '하나, 둘'처럼 셀 수 있는 명사와 셀 수 없는 명사가 있다. 셀 수 있는 명사를 가산명사라고 한다. 이 명사는 단수나 복수가 가능하며 단수일 때는 관사나 한정사가 꼭 붙어야 한다.

복수일 때는 뒤에 보통 s가 붙는다. 이와 반대로 셀 수 없는 명사를 불가산명사라고 한다. 부정관사(a/an)를 붙일 수가 없고 복수형은 없으며 항상 단수형을 취한다.

다음 같은 어휘들이 그렇다.

advice	충고	information	정보
equipment	장비	advertising	광고, 광고 사업
proceeding	절차, 진행	clothing	의류, 복장
seating	좌석 지정	baggage	수화물, 짐
luggage	짐, 수화물	lending	대출, 금융
ticketing	티켓 판매, 발권	mail	우편

④ 사람명사 / 사물명사

명사품사 문제에서 선택지에 사람명사와 사물명사가 동시에 보이는 경우 문맥 흐름을 통해 적절한 명사품사를 선택해야 한다. 조심할 점은 명사가 가산명사인지 아니면 불가산명사인지를 꼭 확인할 필요가 있다. 그리고 동사가 복수형으로 나왔다면 반드시 주어는 복수가 되어야 한다.

선택지에 단수명사와 복수명사가 동시에 보일 때는 바로 동사를 찾아 주어와 동사의 수를 일치시켜야 한다. 쉬운 문제일수록 틀리면 안 된다.

applicant	지원자	application	신청, 지원
engineer	기술자	engineering	공학
performer	공연자	performance	공연, 업무
purchaser	구입자	purchase	구입, 구입하다
reformer	개혁자	reform	개혁, 개혁하다
announcer	발표자	announcement	발표, 공표

족집게 비법 07, 08

⑤ 복합명사

명사가 두 개 이상이 합쳐 마치 한 단어처럼 쓰이는 경우에 복합명사라 한다. 이때 앞의 명사는 형용사처럼 쓰이기 때문에 뒤의 나온 명사를 수식하는 역할을 한다.

복합명사 문제는 품사로 명사를 고르는 문제와 명사와 함께 사용되어 의미를 갖는 명사어휘 문제로 구성되어 있다.

아래에 정리한 복합명사는 그동안 토익시험에서 출제된 적이 있다. 모두 익혀두자. 암기해 두면 정답을 0.5초 내에 찾을 수 있을 것이다.

account number	계좌번호	application fee	신청비
application form	신청서	attendance record	출석률
communication skills	대화 기술	course evaluation	과정 평가
insurance coverage	보험적용 범위	performance appraisal	업무 평가
safety procedure	안전 절차	retirement party	퇴임식
media coverage	방송 취재	pay increase	봉급 인상
heating system	난방 장치	employee productivity	직원 생산성
telephone conversation	전화통화	expiration date	만기일
production time	생산 시간	multimedia presentation	멀티미디어 발표
branch locations	지점들	loan applicants	융자 신청자들
maintenance service	정비 서비스	accounting experience	회계 경험
customs office	세관	savings account	저축예금
sales department	영업부	sales representative	영업사원
overseas investments	해외 투자들	recommendation letter	추천서
travel documents	여행 서류들	이외 다수	

족집게 비법 01

출제 빈도수 ★★★

부정관사(a, an) 정관사(the) 다음에는 명사품사가 나온다.

한정사 역할을 하는 부정관사나 정관사는 명사가 있기 때문에 존재한다. 그러므로 부정관사 또는 정관사 다음에는 명사품사가 나와야 한다. 매달 출제되는 명사품사자리 문제다! 꼭 기억해 두어야 한다.

토익 출제 POINT

ex The ***popularity*** of	정관사(the) + 명사품사(***popularity***) + 전치사(of)
ex The ***appointment*** of	정관사(the) + 명사품사(***appointment***) + 전치사(of)
ex The ***expansion*** of	정관사(the) + 명사품사(***expansion***) + 전치사(of)
ex The ***collection*** of	정관사(the) + 명사품사(***collection***) + 전치사(of)
ex with an ***emphasis*** on	전치사(with) + 부정관사(an) + 명사품사(***emphasis***) + 전치사(on)
ex with the ***writing***	전치사(with) + 정관사(the) + 명사품사(***writing***)
ex a ***comparison*** of	부정관사(a) + 명사품사(***comparison***) + 전치사(of)
ex a ***referral*** from	부정관사(a) + 명사품사(***referral***) + 전치사(from)
ex carry out the ***inspection***	타동사(carry) + 부사(out) + 정관사(the) + 명사품사(***inspection***)

❖ 실전 문제 ❶

Mr. Wang will take the ---------- to make sure that all domestic investors are treated courteously.

(A) initiative (B) initiate
(C) initiated (D) initiatively

빈출어휘 initiative 창시, 개시, 솔선 | initiate 시작하다, 개시하다 | initiatively 처음에, 선도적으로 | make sure 확인하다, 확신하다 | be treated courteously 우대받다 | domestic investor 국내투자자

❖ 연습 문제 맛보기

KE Corp. is planning to spend a lot of money on expansion, including the ---------- of a large office building before the end of this month.

(A) purchasable (B) purchased
(C) purchase (D) purchaser

문제풀이 관사(the) 다음에는 명사(noun)가 나오는데 사람명사인 purchaser(구입자)와 동사와 명사 역할을 동시에 하는 purchase(구입하다, 구입)에서 문맥상 '큰 사무실용 건물의 구입을 포함하여'이라는 purchase가 빈칸에 들어가야 글의 흐름이 자연스럽다. 정답은 (C) purchase이다.

빈출어휘 **expansion** 팽창, 확대 | **including** ~을 포함하여, 넣어서 | **purchase** 구입, 구매하다 | **purchaser** 구매자 | **purchasable** 살 수 있는, 구입할 수 있는 | **before the end of** ~말 전까지

직독직해 KE 회사는 / 많은 돈을 쓸 계획이다 / 확장에 / 큰 사무실용 건물의 구입을 포함하여 / 이달 말 전까지

오답처리
(A) purchasable – 형용사이므로 명사 자리에 올 수가 없다.
(B) purchased – 과거동사나 과거분사 역할을 함으로 명사 자리에 올 수가 없다.
(C) purchase – 동사나 명사 역할을 동시에 한다. 여기서는 '구입'이라는 명사이며 의미상 통한다. 정답!
(D) purchaser – '구매자'라는 뜻으로 어법상 '정관사(the)+명사품사+전치사구(of a large office building)' 구조를 충족시키지만 문맥 흐름상 자연스럽지 못하다.

❖ 실전 문제 ❷

This weekly trade figures can be seen as an indicator of the ---------- of the Swiss economy.

(A) health (B) healthy
(C) healthier (D) healthful

빈출어휘 **indicator** 지표, 방향지시기 | **health** 번영, 활력, 건강 | **healthy** 강한, 건장한, 튼튼한 | **healthful** 건강에 좋은, 위생적인 | **trade figures** 무역 통계, 무역 수치 | **economy** 절약, 경제, 재정 | **weekly** 주간의

족집게 비법 02

출제 빈도수 ★★☆

소유격 또는 명사's(일반명사 소유격) 다음에는 명사품사가 나온다.

소유격이나 일반명사's 다음에는 명사품사가 나온다. 소유격은 우리말 '~의'에 해당된다. 다시 말해서 뒤에 명사품사가 나오면 소유격이 명사를 수식해주는 역할을 하게 된다.

토익 출제 POINT

ex In Mr. Kim's ***absence***	전치사(in) + 사람명사's(Mr. Kim's) + 명사품사(***absence***)
ex his ***congratulations*** to	소유격대명사(his) + 명사품사(***congratulations***) + 전치사(to)
ex for his ***participation***	전치사(for) + 소유격대명사(his) + 명사품사(***participation***)
ex John's ***qualifications*** for	사람명사's(John's) + 명사품사(***qualifications***) + 전치사(for)
ex the company's ***recognition*** in	정관사(the) + 일반명사's(company's) + 명사품사(***recognition***) + 전치사(in)
ex Mr. Ling's ***experience*** as	사람명사's(Mr. Ling's) + 명사품사(***experience***) + 전치사(as)
ex her ***impression*** about	소유격대명사(her) + 명사품사(***impression***) + about(전치사)

❖ 실전 문제 ❶

According to the latest business report from Beijing, women's --------- in senior levels of Chinese government remains largely cosmetic.

(A) participation (B) participate
(C) participated (D) participating

빈출어휘 according to ~에 따르면 | government 정부 | largely 주로, 대부분(largely due to 주로 ~ 때문에) | participate 참여하다 | participation 참석, 참여 | cosmetic 표면적인 | senior level 고위직

❖ 연습 문제 맛보기

Broadcasting a variety of Korean dramas in Russia will dramatically increase Russians' ---------- in Korean culture and food.

(A) interesting (B) interest
(C) interested (D) interestingly

문제풀이

복수명사 소유격 Russians' 다음에 나온 빈칸에는 명사와 동사 역할을 동시에 하는 interest가 들어가야 하므로 정답은 (B) interest이다.

빈출어휘

dramatically 엄청나게 | **interest** 흥미, 관심(have interest in-에 관심이 있다) | **interested** 흥미를 지닌(be interested in-에 관심이 있다) | **interestingly** 흥미롭게, 관심 있게 | **broadcast** 방송하다, 방영하다 | **a variety of** 다양한(various)

직독직해

방송하는 것이 / 다양한 한국 드라마들을 / 러시아에서 / 엄청나게 증가시킬 것이다 / 러시아인들의 관심을 / 한국 문화와 음식에 대한

오답처리

(A) interesting – 현재분사는 소유격(Russians') 다음 명사품사 자리에 올 수가 없다.

(B) interest – 명사와 타동사 역할을 동시에 한다. 여기서는 '관심, 흥미'라는 뜻으로 명사 역할을 한다. 정답!

(C) interested – 과거분사는 소유격(Russians') 다음 명사품사 자리에 올 수가 없다.

(D) interestingly – 부사는 소유격(Russians') 다음 명사품사 자리에 올 수가 없다.

❖ 실전 문제 ❷

This new program was designed to attract people's ----- to the potential of ocean development and research.

(A) attends (B) attended
(C) attendant (D) attention

빈출어휘

be designed to do ~하기 위해서 고안(설계)되다 | **attract** (주의, 관심) 끌다, 끌어당기다(to), ~의 마음을 끌다, 매혹하다 | **potential** 예비의, 잠재적인, 가능성 | **development** 개발, 발전, 발달, 진화 | **research** 연구 | **attention** 집중, 주의, 배려 | **attend** 참석하다(take part in), 출석하다, 보살피다 | **attendant** 참석자, 수행자, 안내원

족집게 비법 03

출제 빈도수 ★★★

형용사, 현재분사(~ing), 과거분사(~ed) 다음에는 명사품사가 온다.

형용사는 명사를 꾸며주는 역할을 한다. '형용사 + 명사'의 구조를 갖는데 때에 따라서는 '명사(thing) + 형용사'의 구조도 취한다. 또한 분사(현재분사(~ing), 과거분사(~ed))도 명사를 수식할 수 있는 형용사 역할을 한다.

토익 출제 POINT

ex a significant ***contribution***	부정관사(a) + 형용사(significant) + 명사품사(***contribution***)
ex a significant ***transformation***	부정관사(a) + 형용사(significant) + 명사품사(***transformation***)
ex the main ***distributor***	정관사(the) + 형용사(main) + 명사품사(***distributor***)
ex the recent ***initiative***	정관사(the) + 형용사(recent) + 명사품사(***initiative***)
ex the leading ***distributors***	정관사(the) + 분사형용사(leading) + 명사품사(***distributors***)
ex specific ***advice***	형용사(specific) + 명사품사(***advice***)
ex steady ***growth***	형용사(steady) + 명사품사(***growth***)
ex has no ***intention***	타동사(has) + 형용사(no) + 명사품사(***intention***)

❖ 실전 문제 ❶

The increasing ---------- among banks may raise concerns about Korea's future economy.

(A) compete (B) competition
(C) competitive (D) competitively

빈출어휘 increasing 증강하는, 상승하는 | competition 경쟁, 시합 | compete 경쟁하다, 시합하다 | competitive 경쟁적인, 치열한 | competitively 경쟁적으로 | concern 우려, 걱정(over)

❖ 연습 문제 맛보기

This new policy will concentrate on raising Hong Kong's economic growth potential through structural ----------.

(A) reforms (B) reformed
(C) reformer (D) reformatory

문제풀이
전치사 through의 목적어 역할을 하며 형용사 structural에 의해서 수식을 받는 품사는 바로 명사이므로 사람명사인 reformer(개혁자)와 일반명사 reforms(개혁)와 사이에서 문맥상 '구조 개혁들을 통해서'가 되어야 글의 흐름이 자연스럽다. 정답은 (A) reforms이다.

빈출어휘
concentrate on 집중하다(focus on) | **growth** 성장 | **potential** 잠재력 | **structural** 구조상의 | **reform** 개혁, 개혁하다 | **reformer** 개혁자 | **reformatory** 개혁을 위한

직독직해
이 새로운 정책은 / 중점을 둘 것이다 / 홍콩의 경제 성장 잠재력을 끌어올리는데 / 구조적인 개혁들을 통해서

오답처리
(A) reforms – 동사와 명사 역할을 동시에 한다. 명사로는 '개혁들'의 뜻이다. 문맥상 '구조 개혁들을 통해서'가 되어야 하므로 정답!
(B) reformed – 과거동사와 과거분사 역할을 동시에 한다. 여기서는 명사 자리에 올 수가 없다.
(C) reformer – '개혁자'라는 사람명사로 명사품사 자리를 충족시키지만, 문맥 흐름상 어울리지 않다.
(D) reformatory – 명사 자리에 형용사가 올 수가 없다.

❖ 실전 문제 ❷

Only 20 undergraduate students attending Harvard University will have the opportunity to have ---------- to this online forum.

(A) accessible (B) accessing
(C) access (D) accessed

빈출어휘
access 접근, 면접, 출입 | **accessible** 접근할 수 있는, 가기 쉬운, 영향받기 쉬운, 이용할 수 있는 | **attend** 참석하다, 참여하다, 수행하다(accompany), 시중들다(on) | **have access to** ~에 접근하다 | **undergraduate student** 학부생

족집게 비법 04

출제 빈도수 ★★★

타동사(동사+명사)의 목적어로 명사품사가 필요하다.

타동사는 목적어로 명사를 필요로 하는 동사다. 여기서 조심할 점은 목적어로 나오는 명사가 가산명사/불가산명사인지를 구별해야 한다. 즉, 가산명사일 경우에는 관사가 앞에 붙거나 복수명사가 되어야 한다.

토익 출제 POINT

ex submit ***recommendations***	타동사(submit) + 명사품사(***recommendations***)
ex accept ***nominations***	타동사(accept) + 명사품사(***nominations***)
ex discuss ***revisions***	타동사(discuss) + 명사품사(***revisions***)
ex make a ***decision***	타동사(make) + 부정관사(a) + 명사품사(***decision***)
ex gain ***access*** to	타동사(gain) + 명사품사(***access***) + 전치사(to)
ex make ***investments***	타동사(make) + 명사품사(***investments***)
ex negotiate ***salaries***	타동사(negotiate) + 명사품사(***salaries***)
ex address several ***concerns***	타동사(address) + 형용사(several) + 명사품사(***concerns***)

❖ 실전 문제 ❶

The government released a ---------- that next year's economic growth is expected to reach the three percent range.

(A) forecast (B) to forecast

(C) will forecast (D) forecaster

빈출어휘 forecast 예상, 예보, 예상하다 | forecaster 기상요원 | release 석방하다, 출시하다 | economic growth 경제성장 | reach 도달하다(arrive at) | range 범위, 한계 | be expected to+동사 ~할 것으로 예견되다, 예상되다

❖ 연습 문제 맛보기

Our country is wasting its ---------- and manpower on building old-fashioned trains and ships.

(A) resourceful (B) resourcefully
(C) resources (D) resourcefulness

문제풀이

타동사로 사용된 waste의 목적어 역할을 하며 소유격 its의 꾸밈을 받는 명사가 들어갈 자리다. 선택지에 명사는 resources(자원)와 resourcefulness(임기응변의 재능)뿐이다. 글의 흐름상 '자원을 낭비하고 있다'가 자연스럽다. **정답은 (C) resources이다.**

빈출어휘

resources 자원 | **resourceful** 지략(기략) 있는 | **resourcefully** 자원이 풍부하게, 계략이 풍부하게 | **resourcefulness** 임기응변의 재능, 지력 있음 | **old-fashioned** 시대에 뒤떨어진 | **manpower** 인력, 인적 자원

직독직해

우리 국가는 / 낭비하고 있다 / 자원과 인력을 / 시대에 뒤떨어진 기차와 배를 만드는데

오답처리

(A) resourceful – 형용사로 타동사 allocate의 목적어 역할을 못 한다!
(B) resourcefully – 부사는 명사 역할을 하지 못한다.
(C) resources – **명사로서 '자원'의 뜻이다. 정답!**
(D) resourcefulness – 명사로 '지략 있음'의 뜻이다. 글의 흐름상 자연스럽지 않다. 다시 말해서 명사자리에 올 수는 있지만 글의 전체적인 흐름을 통해서 자연스럽게 연결되지 못한다면 오답이 된다.

❖ 실전 문제 ❷

Approximately 70 percent of our customers expressed ---------- at this new entertainment system last month.

(A) satisfaction (B) satisfied
(C) satisfactory (D) satisfying

빈출어휘

satisfaction 만족(감)(at, with) | satisfactory 만족스러운 | satisfying 만족시키는 | satisfied 만족한, 흡족한 | entertainment system 오락기기 | approximately 대략(almost, nearly, about)

족집게 비법 05

출제 빈도수 ★☆☆

명사품사는 문장의 주어 역할을 할 수가 있다.

명사는 문장의 주어, 목적어, 보어 역할을 한다. 그러므로 본동사 앞 주어 자리에 빈칸이 오면 명사품사를 답으로 찾으면 된다.

토익 출제 POINT

ex ***Visitors*** must register	명사품사(***Visitors***) + 조동사(must) + 자동사(register)
ex ***Employees*** will receive	명사품사(***Employees***) + 조동사(will) + 타동사(receive)
ex ***Access*** is	명사품사(***Access***) + be동사(is)

❖ 실전 문제 ❶

The ---------- for next month's project was posted on the bulletin board this morning.

(A) schedule (B) schedules
(C) scheduling (D) scheduled

빈출어휘 schedule 일정, 기일, 시간표 | post 붙이다, 게시하여 알리다 | on the bulletin board 게시판에

❖ 연습 문제 맛보기

Our company tries to solve its communication problems as soon as possible but ---------- are likely to be more difficult than expected.

(A) negotiations　　(B) negotiates
(C) negotiator　　(D) negotiable

문제풀이
등위 접속사 but으로 연결되는 문장에서 동사는 are이며 빈칸은 바로 주어 역할을 하는 명사자리인데 동사가 복수이므로 가산명사인 negotiator는 동사와 수의일치가 되지 않는다. 그러므로 정답은 (A) negotiations이다.

빈출어휘
solve 해결하다 | be likely to+동사 ~하기 쉽다, ~할 것 같다 | more difficult than expected 예상보다 더 어려운 | negotiate 협상하다 | negotiation 협상, 교섭 | negotiator 협상가 | negotiable 협상할 수 있는

직독직해
우리 회사는 / 해결하려고 노력한다 / 커뮤니케이션 문제들을 / 가능한 한 빨리 / 그러나 협상들이 / 더 어려울 것 같다 / 예상보다

오답처리
(A) negotiations – 사물명사로 '협상'의 뜻을 갖는다. 문맥상 '협상들이 예상보다 더 어려울 것 같다'이므로 정답!
(B) negotiates – 동사는 주어 역할을 못 한다.
(C) negotiator – 사람명사로 '협상가'라는 뜻이다. 명사자리에 올 수는 있지만, 글의 흐름상 부적합하다.
(D) negotiable – 형용사는 단독으로 주어 역할을 못 한다.

❖ 실전 문제 ❷

The ---------- recommended by Mr. Kang are relatively small, but they will have a lot of positive impacts on reorganizing our company.

(A) change　　(B) changes
(C) changing　　(D) changed

빈출어휘
recommend 추천하다, 권하다 | relatively 상대적으로 | a lot of 많은 | positive 긍정적인 | impact 영향(influence) | reorganize 재구성하다

족집게 비법 06

출제 빈도수 ★★★

전치사(preposition) 다음에는 명사품사가 자리를 잡는다.

전치사(preposition) 다음에는 명사 또는 동명사가 오는데 동명사가 나오는 경우에는 '전치사+동명사+명사'의 구조를 가져야 한다. 꼭 기억할 점은 전치사 다음에 나오는 동사가 타동사일 때는 전치사의 도움 없이 뒤에 목적어로 명사를 취한다. 즉, '전치사+타동사(-ing)+명사'의 구조가 되어야 한다.

토익 출제 POINT

ex three letters of ***recommendations***

수사(three) + 명사(letters) + 전치사(of) + 명사품사(***recommendations***)

ex a record of ***excellence*** in

부정관사(a) + 명사(record) + 전치사(of) + 명사품사(***excellence***) + 전치사(in)

ex for ***submission*** of — 전치사(for) + 명사품사(***submission***) + 전치사(of)

ex for ***excellence*** in — 전치사(for) + 명사품사(***excellence***) + 전치사(in)

ex Upon ***receipt*** of — 전치사(upon) + 명사품사(***receipt***) + 전치사(of)

ex with ***recruiters*** from — 전치사(with) + 명사품사(***recruiters***) + 전치사(from)

ex letter of ***confirmation*** of — 명사(letter) + 전치사(of) + 명사품사(***confirmation***) + 전치사(of)

ex as ***confirmation*** — 전치사(as) + 명사품사(***confirmation***)

❖ 실전 문제 ❶

A lot of people will need to travel from the country to the city on a daily basis to get to ----------.

(A) working (B) works
(C) work (D) worked

빈출어휘 get to work 출근하다 | on a daily basis 매일(every day) | a lot of 많은 (lots of)

❖ 연습 문제 맛보기

Taiwan has to raise the level of its security forces' alertness in -------- to threats as quickly as possible.

(A) respond (B) responds
(C) response (D) responded

문제풀이 전치사와 전치사 사이에 빈칸이 보이면 토익에서는 정답으로 명사가 나왔다. 여기서는 'in response to(~에 응하여, ~에 대응하여)'의 뜻을 알고 있다면 정답을 쉽게 찾을 수가 있다. **정답은 (C) response**이다.

빈출어휘 response 응답 | respond 대응하다, 응하다(to) | as quickly as possible 가능한 한 신속하게

직독직해 대만은 / 끌어 올려야 한다 / 보안군의 경계 수준을 / 위협에 대응하여 / 가능한 한 신속하게

오답처리
(A) respond – 자동사로 보통 뒤에 전치사 to가 나온다. 전치사 in 다음에 동사는 올 수가 없다
(B) responds – 동사는 전치사의 목적어 역할을 못 한다.
(C) response – **명사로 '응답'의 뜻을 갖는다. 숙어로 in response to(~에 대응하여)를 알고 있다면 쉽게 답을 고를 수가 있다. 정답!**
(D) responded – 과거동사는 전치사 in 다음에 명사품사 자리에 나올 수가 없다.

❖ 실전 문제 ❷

As of next month, the government will need to promote the consumption of alcohol or cigarettes in ---------- to significantly raise tax revenues.

(A) order (B) orderly
(C) ordering (D) ordered

빈출어휘 government 정부 | promote 촉진시키다, 홍보하다 | consumption 소비 | in order to+동사 ~하기 위해서 | orderly 순서 바르게 | tax revenues 세수 | significantly 상당히, 현저히, 크게

족집게 비법 07

출제 빈도수 ★★☆

명사가 명사를 형용사처럼 수식해 주는 경우가 바로 복합명사다.

복합명사는 '명사+명사'의 구조로 앞의 명사는 형용사 역할로 뒤에 나오는 명사를 수식해 준다. 보통 복합명사는 '명사+명사품사'처럼 명사품사 문제와, '명사+명사어휘'처럼 명사어휘 문제로 출제된다.

토익 출제 POINT

ex overseas ***investments***	명사(overseas)+명사품사(***investments***)
ex branch ***locations***	명사(branch)+명사품사(***locations***)
ex business ***proposal***	명사(business)+명사품사(***proposal***)
ex sales ***representative***	명사(sales)+명사품사(***representative***)
ex ***development*** workshop	명사품사(***development***)+명사(workshop)
ex travel ***documents***	명사(travel)+명사품사(***documents***)

❖ 실전 문제 ❶

The vice president of KEC Corp. strongly recommends that all department ---------- endorse these three specific plans.

(A) supervisors (B) supervise
(C) supervising (D) supervised

빈출어휘 strongly 적극적으로, 강력하게 | recommend 추천하다, 권고하다 | endorse 이서하다, 승인하다 | specific 구체적인, 특정한 | supervisor 감독자, 관리자 | supervise 감독하다, 관리하다

❖ 연습 문제 맛보기

Once the office ---------- is finished, all workers will surely be able to return to their regular schedules.

(A) renovate (B) renovated
(C) renovation (D) renovates

문제풀이 명사 office와 함께 사용되어서 문맥상 복합명사의 역할을 한다. 흐름상 '사무실 개조'가 자연스러우므로 빈칸에는 명사 renovation이 들어가며 동사 is finished의 주어 역할을 한다. **정답은 (C) renovation이다.**

빈출어휘 **finish** 끝내다 | **surely** 확실하게 | **renovate** 수선하다, 개조하다 | **renovation** 개조, 수선, 수리

직독직해 일단 사무실 개조가 / 완성되면 / 모든 직원들은 / 확실히 돌아갈 수 있을 것이다 / 그들의 일상 스케줄로

오답처리
(A) renovate – 동사는 명사 office와 함께 사용되어 본동사 is finished의 주어 역할을 할 수가 없다.
(B) renovated – 과거동사와 과거분사 역할을 하는 renovated는 문장 구조상 명사 office와 어울려 수동태 is finished의 주어 역할을 할 수가 없다.
(C) renovation – 명사 office와 함께 사용되어 '사무실 개조'라는 뜻을 갖는 복합명사 역할을 한다. 정답!
(D) renovates – 3인칭 동사는 구조상 복합명사 자리에 올 수가 없다.

❖ 실전 문제 ❷

Mr. Choi questioned the accuracy of the survey ---------- given in a statement issued by AL research center last Sunday.

(A) responded (B) responses
(C) responding (D) responsively

빈출어휘 **respond** 응답하다, 대답하다 | **response** 응답, 대답, 반응 | **responsively** 응답하여, 반응하여 | **accuracy** 정확성, 정밀도 | **survey** 여론조사 | **statement** 발표, 성명(서)

족집게 비법 08

출제 빈도수 ★★★

명사(복합명사) 어휘문제가 출제된다.

최근 토익 시험에서 명사관련 문제들을 살펴보면 품사문제와 어휘문제가 주가 된다는 것을 알 수가 있다. 명사품사 문제는 기본적인 것들만 묻고 있고 오히려 글의 전반적인 흐름을 통해서 자연스럽게 연결되는 명사 어휘를 고르는 문제가 자주 출제되고 있다. 그러므로 문법은 간결하게, 어휘를 풍부하게 공부해야 한다.

토익 출제 POINT

ex show ***proof***	타동사 + 명사어휘(***proof***)
ex a ***wealth*** of	부정관사(a) + 명사어휘(***wealth***) + 전치사(of)
ex the manager's ***responsibility***	정관사(the) + 일반명사's(manager's) + 명사어휘(***responsibility***)
ex loan ***applicants***	명사(loan) + 명사어휘(***applicants***)
ex telephone ***conversation***	명사(telephone) + 명사어휘(***conversation***)
ex improvement ***project***	명사(improvement) + 명사어휘(***project***)
ex ***maintenance*** service	명사어휘(***maintenance***) + 명사(service)
ex ***recommendation*** letter	명사어휘(***recommendation***) + 명사(letter)
ex free ***admission***	형용사(free) + 명사어휘(***admission***)
ex without ***permission/authorization***	전치사(without) + 명사어휘(***permission/authorization***)

❖ 실전 문제 ❶

Almost all of our regular customers will be entitled to enjoy the ------- which we promised to offer.

(A) interests (B) benefits
(C) forces (D) petition

빈출어휘 regular customer 단골손님 | be entitled to ~을 받을 자격이 있다 | interests 이익, 관심 | benefits (복지) 혜택 | petition 청원, 탄원 | force 힘, 세력 | promise 약속하다 | offer 제공하다

❖ 연습 문제 맛보기

China has displayed a sharp ---------- in car exports over the last few months.

(A) extension (B) involvement
(C) grade (D) rise

문제풀이 형용사 sharp(급격한, 날카로운)와 문맥상 자연스러운 명사 어휘를 찾는 문제로 '중국은 차량 수출에서 급격한 ------ 보였다'에서 빈칸 자리에 해석상 적합한 명사어휘는 '상승, 증가'의 뜻인 rise(=increase)이므로 정답은 (D) rise이다.

빈출어휘 over the past few months 지난 몇 달에 걸쳐서 | sharp 날카로운, 급격한 | rise 상승, 증가(in) | involvement 관련, 연루(in) | extension 연장, 내선

직독직해 중국은 / 보였다 / 급격한 상승을 / 차량 수출에 있어 / 과거 몇 달에 걸쳐서

오답처리

(A) extension – '연장', '내선'이다. 토익에서는 extension number(내선 번호)로 출제된 적이 있다.

(B) involvement – 명사 involvement는 '관련', '연루'의 뜻이다. 문맥상 자연스럽지 못하다.

(C) grade – 명사 grade는 '성적', '등급', '평가'의 뜻인데 문맥상 형용사 sharp와 어울리지 못 한다.

(D) rise – 동사도 되고 명사도 된다. 명사로 '상승'이다. 전치사 in과 어울린다. 정답!

❖ 실전 문제 ❷

In Korea, most university students are currently facing an increase in their tuitions and other living ----------.

(A) budgets (B) expenses
(C) prices (D) credits

빈출어휘 face 직면하다, 부딪치다 | increase 증가(in), 상승하다 | living expenses 생활비 | tuition 수업료(tuition fee) | currently 현재 | budget 예산

CONTENTS

토익 시험에서 매달 출제되는 문법!

UNIT 02

형용사란?

족집게 비법 09

부정관사, 정관사+형용사품사+명사 & 형용사품사+형용사+명사

족집게 비법 10

형용사는 주격보어와 목적격보어 역할을 한다

족집게 비법 11

(관사)+부사+형용사품사+명사 & be동사+부사+형용사품사

족집게 비법 12

문맥상 적절한 형용사 어휘를 찾는 문제가 매달 출제되고 있다

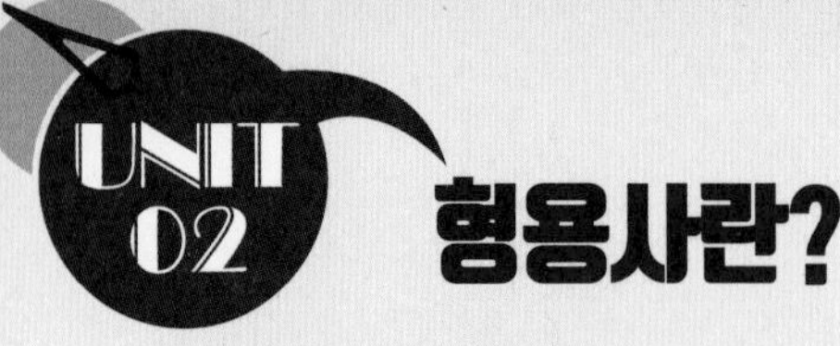

형용사란?

족집게 비법 09, 10, 11

① 형용사의 역할 : 한정용법 & 서술용법

형용사는 문장에서 명사를 수식(한정용법)해준다. 예를 들어 '예쁜 여자', '키 큰 여자', '뚱뚱한 여자', '친절한 여자'를 보자. 여기서 '여자'는 명사이며 그 앞에 나온 '예쁜', '키 큰', '뚱뚱한' 그리고 '친절한'은 명사가 어떤 여자인지를 설명해주는 형용사들이다.

즉, 명사를 앞에서 꾸며주는 역할을 한다. 이를 형용사의 한정요법이라고 한다. 명사 앞 또는 뒤에서 명사를 수식한다는 것이다. 명사를 앞에서 수식하면 전치수식이라고 한다. 예로 a lovely woman(사랑스러운 여자)에서 형용사 lovely가 명사 woman을 앞에서 수식한다.

다른 하나는 후치수식으로 ~thing, ~body로 끝나는 명사를 형용사가 뒤에서 수식한다.

예를 들면 I want to do something nice for you.(널 위해 괜찮은 뭔가를 하고 싶어)에서 형용사 nice가 something을 뒤에서 수식해 준다. 이를 후치수식이라고 한다.

또한, 형용사는 글의 흐름상 불완전하게 느껴질 때 주격보어나 목적격보어 자리에 들어가 글을 좀 더 매끄럽게 이끌어준다. 한마디로 보충해주는 역할을 한다.(서술용법)

예를 들어보면 He is...처럼 말하면 '그는 ~이다', '그는 ~한 상태다'처럼 왠지 내용이 불완전하다는 것을 쉽게 알 수가 있다. 이럴 때 'He is friendly.'처럼 형용사 friendly를 be동사 다음에 넣으면 '그는 친절하다.'처럼 완벽한 문장을 구성하게 된다.

여기서 형용사 friendly가 불완전한 문장을 보충해서 완전한 내용을 만들어내는 역할을 하게 된다. 주격보어로써 말이다.

보어란 주어와 서술어만 가지고 완전한 뜻을 전달하지 못할 때, 서술어를 보완하여 문장의 뜻을 완전하게 만드는 필수 성분을 말한다.

형용사는 다음처럼 불완전 자동사 remain, keep, stay, become, seem, look, smell, sound, get의 다음에 나와 문장을 보충해주는 역할을 한다.

remain stable	안정적이다	become vacant	비어있다

② 형용사 & 명사 / 동사 & 형용사

형용사 역할을 하는 동시에 명사 역할을 하는 단어들이 있다.

예를 들면 original(원형/독창적인), professional(전문가/직업상의), initiative (주도권/처음의), objective(목적/객관적인)...처럼 다양하다.

ex ❶ The objective of this meeting is...,
이 모임의 목적은...,   명사역할

❷ The objective analysis is...,
객관적인 분석은...,   형용사역할

형용사 역할을 하는 동시에 동사 역할을 하는 단어들이 있다.

예를 들면 lower(낮추다/낮은 쪽의), complete(완성하다/완벽한), present(제시하다/현재의)...처럼 다양하다. 이런 단어들은 평소에 함께 익혀두는 것이 좋다.

족집게 비법 11, 12

③ 혼동되는 형용사

선택지에 형용사가 동시에 두 개 나오는 경우가 있다. 다시 말해서 형용사품사나 어휘문제에서 형용사가 동시에 두 개 선택지에 나오면 좀 더 주의 깊게 살펴보아야 한다. 요즘에는 형용사품사 고르는 문제에서 분사형용사(현재분사(-ing), 과거분사(-ed))와 형용사가 동시에 나와 정답 찾기가 좀 더 힘들어지고 있다.

이럴 때는 문맥상 어느 형용사가 어울리는지를 파악해야 하며 수식 받는 명사와 분사형용사간에 관계가 능동인지 수동인지도 파악해야 한다. 특히 조심할 것은 자동사는 수동태로 명사를 수식해주지는 못한다.

다음 형용사들을 함께 익혀두자. 양은 많지만, 어휘 실력이 토익 고득점을 위한 지름길임을 기억해두자.

beneficial	유익한	beneficent	인정이 많은
economic	경제의	economical	절약하는
considerable	상당한, 중요한	considerate	배려하는
successful	성공의	successive	연속의
respective	각각의	respectful	공손한
appreciable	평가할 수 있는	appreciative	감사하는
comparable	필적할 만한	comparative	비교의
persuadable	설득할 수 있는	persuasive	설득적인
comprehensible	이해할 수 있는	comprehensive	포괄적인
informational	정보의	informative	유익한
understandable	이해할 수 있는	understanding	이해심이 있는
responsible	책임지는	responsive	반응하는
arguable	논박할 수 있는	argumentative	논쟁적인
sensitive	민감한	sensible	분별 있는, 현명한

④ 명사+ly = 형용사

형용사에 ly를 붙이면 부사가 되지만 다음 단어들처럼 명사에 ly를 붙이면 부사가 되는 것이 아니라 형용사가 된다.

예를 들어보면

friendly	친절한	lovely	사랑스러운
likely	할 것 같은	unlikely	일어날 것 같지 않은
timely	시기에 알맞은	costly	값비싼
daily	매일의	weekly	매주의
monthly	매달의	이외 다수	

특히 in a timely manner(시기적절하게)와 on a daily basis(매일)를 한 덩어리처럼 익혀두자.

⑤ 수량형용사 many, few, a few, much, little, a little, some, any의 차이점

수량형용사는 셀 수 있는 명사를 꾸며줄 때(가산명사), 셀 수 없는 명사(불가산명사)를 꾸며줄 때 사용되는 형용사를 말한다. 예를 들어보면 many(많은), a few(조금, 약간), few(거의 없는)는 가산복수명사를 앞에서 꾸며준다.

many people	많은 사람들	a few workers	몇 명의 근로자들

불가산명사를 꾸며주는 much(많은), a little(조금, 약간), little(거의 없는) 다음에는 당연히 복수 명사가 나오는 게 아니라 단수 명사가 나온다. 다시 말해서 불가산명사에는 복수형이 없다.

much water	많은 물	a little money	약간의 돈

수량형용사 중에 some과 any의 기본적인 어법을 익혀두자. some은 긍정문과 의문문(권유, 부탁의 내용일 경우)에서 사용되며 any는 부정문과 의문문에서 사용한다.

ex ❶ KEP Corp. has some financial problems.
KEP 기업은 약간의 재정적인 문제들이 있다.

❷ Do you have any questions to ask me?
나에게 물어볼 질문이라도 있어?

결국, 형용사품사 문제는 제한적이다. 즉, 명사나 부사품사 문제보다는 출제 경향이 낮은 편이다. 오히려 어휘 문제들이 자주 출제되고 있다.

족집게 비법 09

출제 빈도수 ★★★

부정관사(a, an), 정관사(the) + 형용사품사 + 명사 & 형용사품사 + 형용사 + 명사

형용사품사 문제 중 '형용사품사+명사' 형태 문제가 자주 출제되고 있고 가끔은 '형용사품사+형용사+명사'의 구조를 묻는 문제가 출제되기도 한다. 요즘은 형용사품사를 고르는 문제에서 선택지에 분사형용사와 형용사가 동시에 나와 문맥상 어울리는 형용사품사를 고르는 문제가 빈번하게 출제되고 있다.

토익 출제 POINT

ex ***exceptional*** service	형용사품사(***exceptional***) + 명사(service)
ex ***confidential*** information	형용사품사(***confidential***) + 명사(information)
ex ***prompt*** approval	형용사품사(***prompt***) + 명사(approval)
ex ***different*** methods	형용사품사(***different***) + 명사(methods)
ex a ***distinct*** advantage	부정관사(a) + 형용사품사(***distinct***) + 명사(advantage)
ex ***competitive*** rates	형용사품사(***competitive***) + 명사(rates)
ex ***admirable*** quality	형용사품사(***admirable***) + 명사(quality)
ex ***professional*** financial consultants	형용사품사(***professional***) + 형용사(financial) + 명사(consultants)
ex ***impressive*** new menu	형용사품사(***impressive***) + 형용사(new) + 명사(menu)
ex at ***affordable*** prices	전치사(at) + 형용사품사(***affordable***) + 명사(prices)

❖ 실전 문제 ❶

At an extra cost of 50 dollars, all our regular customers will be able to enjoy ---------- additional benefits as of next week.

(A) numbers (B) numbering
(C) numerous (D) number

빈출어휘 | additional 추가의, 여분의 | benefits 급부금, 연금, 이익 | numerous 다수의, 수많은 | regular customers 단골손님들 | as of next week 다음 주부터

❖ 연습 문제 맛보기

Our company has already decided to hire ---------- security guards to carry out much stricter security inspections than before.

(A) addition (B) add
(C) additional (D) additionally

문제풀이 명사 personnel을 수식해주는 형용사자리이므로 정답은 (C) additional이 된다.

빈출어휘 hire 고용하다 | security guard 경비원 | carry out 수행하다, 시행하다, 실행하다 | security inspection 보안 검열 | add 덧붙이다, 더하다 | additional 추가의, 여분의 | addition 추가, 부가물, 추가 사항 | additionally 그 위에, 게다가 | decide 결정하다(to)

직독직해 우리 회사는 / 이미 결정했다 / 추가 경비원들을 고용하기로 / 수행하기 위해 / 훨씬 더 엄격한 보안 검열을 / 전보다

오답처리
(A) addition – 명사 personnel과 함께 사용되어 복합명사로써 의미가 통하지 않는다.
(B) add – 동사는 명사를 수식해주지 못한다.
(C) additional – 형용사로 '추가의'의 뜻이다. 명사 personnel를 수식해준다. 정답!
(D) additionally – 부사는 명사를 꾸며주는 역할을 하지 못한다.

❖ 실전 문제 ❷

The newly released movie was very popular with the critics, but it was not a ---------- success.

(A) financial (B) financing
(C) financially (D) financier

빈출어휘 newly released 새롭게 개봉한 | popular 인기 있는, 대중성 있는 | critic 비평가, 평론가 | success 성공, 성취 | financing 자금 조달, 융자 | financial 재무상의, 금융상의 | financially 재무적으로 | financier 재무가, 자본가

족집게 비법 10

출제 빈도수 ★☆☆

형용사는 주격보어(be+형용사품사)와 목적격보어(목적어+형용사품사) 역할을 한다.

형용사는 'be동사+주격보어(형용사품사)'처럼 주격보어 역할을 하지만, 때로는 '동사+목적어+목적격보어(형용사품사)'처럼 목적격보어 역할도 한다. 보통 선택지에 분사와 형용사가 동시에 나오는 경우가 많다.

토익 출제 POINT

ex is ***responsible*** for	be동사(is) + 형용사품사(***responsible***) + 전치사(for)
ex is ***considerate*** of	be동사(is) + 형용사품사(***considerate***) + 전치사(of)
ex make local history ***accessible***	동사(make) + 형용사(local) + 명사(history) + 형용사품사(***accessible***)
ex is ***pleased***	be동사(is) + 형용사품사(***pleased***)
ex be ***necessary***	be동사(be) + 형용사품사(***necessary***)
ex become ***effective***	불완전자동사(become) + 형용사품사(***effective***)

❖ 실전 문제 ❶

The final decision made Mr. Nick very ---------- with all Westside Golf Club members.

(A) popular (B) popularity
(C) popularly (D) popularize

빈출어휘 final 최후의, 마지막의 | decision 결심, 결정 | popular 인기 있는(with), 대중적인 | popularity 인기, 대중성 | popularly 대중적으로, 일반적으로 | popularize 보급시키다, 대중화하다

❖ 연습 문제 맛보기

The national unemployment rate is ---------- to reach 8 percent this month.

(A) liking (B) liked
(C) likely (D) likes

문제풀이 Be동사 다음에 나오는 형용사 보어자리 찾기 문제로 likely는 형용사와 부사 역할을 동시에 하는데 여기서는 'be likely to+동사(~할 것 같다)'라는 뜻을 지니고 있는 형용사품사로 봐야 한다. 정답은 (C) likely이다.

빈출어휘 **be likely to+동사** ~하기 쉽다, ~할 것 같다 | **unemployment rate** 실업률 | **reach** 도달하다, 연락하다

직독직해 전국 실업률이 / 도달할 것 같다 / 8%에 / 이번 달에

오답처리
(A) liking – 현재분사로 문법 구조상 자연스럽지 못하다.
(B) liked – 과거동사로 어법상 어울리지 않는다.
(C) likely – 형용사와 부사로 사용되는데 be likely to+동사원형(~할 거 같다)의 구조를 갖는다. 정답!
(D) likes – 3인칭 단수동사는 be동사 다음에 나올 수가 없다.

❖ 실전 문제 ❷

Most business divisions were ---------- and the operating profit increased significantly in the second quarter of 2017.

(A) profit (B) profitable
(C) profiting (D) profited

빈출어휘 **division** 분할, 구획, 구분 | **profit** ~의 이익이 되다 | **profitable** 유리한, 유익한, 이익이 있는 | **significantly** 상당히, 엄청나게 | **in the second quarter** 2분기에

족집게 비법 Ⅱ

출제 빈도수 ★☆☆

(관사) + 부사 + 형용사품사 + 명사 & be동사 + 부사 + 형용사품사

토익 시험에서 출제 빈도수가 그다지 높지는 않지만 '관사 + 부사 + 형용사품사 + 명사'와 'be동사 + 부사 + 형용사품사'를 이번 기회에 기억해 두자.

토익 출제 POINT

ex is relatively ***expensive*** be동사(is) + 부사(relatively) + 형용사품사(***expensive***)

ex is technically ***precise*** be동사(is) + 부사(technically) + 형용사품사(***precise***)

❖ 실전 문제 ❶

Mr. Kang has been an extremely ---------- employee of Key Publishing over the past few years.

(A) value (B) values

(C) valuable (D) valuing

빈출어휘 employee 직원, 근로자 | value 가치, 가격, 평가 | valuable 귀중한, 소중한 | valuing 소중히 하는 | extremely 상당히, 극히

❖ 연습 문제 맛보기

Some high-rank officials urged Japanese companies to consider Taiwan as a highly ---------- investment location.

(A) favor (B) favorite
(C) favorable (D) favorably

문제풀이

전치사(as) 다음에 부정관사(a)가 나왔고 빈칸 자리는 부사 highly에 수식을 받으며 복합명사인 investment location(투자 장소)을 꾸며주는 형용사품사 자리다. 형용사인 favorite(마음에 드는)와 favorable(이상적인, 알맞은, 좋은)에서 '대만을 상당히 이상적인 투자 장소로 간주하다'가 되어야 내용이 자연스럽다. 정답은 (C) favorable이다.

빈출어휘

urge+O+to do ~에게 ~하도록 강요하다 | **consider** 고려하다, 심사숙고하다 | **investment location** 투자 장소 | **favor** 부탁 | **favorite** 마음에 드는, 좋아하는 | **favorable** 이상적인, 알맞은 | **favorably** 유리하게, 순조롭게 | **high-ranking** 고위의, 고위직의

직독직해

몇몇 고위직 관료들은 / 촉구했다 / 일본 기업들에게 / 심사숙고하도록 / 대만을 / 상당히 이상적인 투자 장소로

오답처리

(A) favor – 명사로 부사 highly에 수식을 못 받는다.
(B) favorite – 형용사로 부사에 수식 받으며 뒤에 나오는 복합명사를 수식하지만, 문맥상 '좋아하는 투자 장소'처럼 좀 어색하게 들린다.
(C) favorable – '이상적인'의 뜻으로 복합명사 investment location과 잘 어울린다. 정답!
(D) favorably – 부사는 뒤에 복합명사를 수식 못한다.

❖ 실전 문제 ❷

Our second plan for the plant expansion will be completely ---------- to be reviewed by next Monday.

(A) ready (B) readiness
(C) readily (D) readies

빈출어휘

expansion 확장, 팽창 | **ready** 준비되는 | **readiness** 준비, 채비 | **readily** 즉시, 쉽사리, 이의 없이 | **review** 재검토하다 | **completely** 완벽하게

족집게 비법 12

출제 빈도수 ★★★

문맥상 적절한 형용사 어휘를 찾는 문제가 매달 출제되고 있다.

명사와 어울리는 형용사 어휘 문제나 be동사 다음에 주격보어로써 문맥상 적합한 형용사 어휘를 찾는 문제가 자주 출제되고 있다. 다시 말해서 형용사 관련 문제에서 품사 문제보다는 어휘 문제가 시험에서 더 많이 다루어지고 있다.

토익 출제 POINT

ex was ***impressive***	be동사(was) + 형용사어휘(***impressive***)
ex ***final*** safety inspections	형용사어휘(***final***) + 명사(safety) + 명사(inspections)
ex for ***sudden*** storm	전치사(for) + 형용사어휘(***sudden***) + 명사(storm)
ex ***recent*** electrical problems	형용사어휘(***recent***) + 형용사(electrical) + 명사(problems)
ex be ***punctual***	be동사(be) + 형용사어휘(***punctual***)
ex be ***eligible*** to	be동사(be) + 형용사어휘(***eligible***) + to부정사(to)
ex the ***vacant*** seat	정관사(the) + 형용사어휘(***vacant***) + 명사(seat)

❖ 실전 문제 ❶

Any ---------- transaction should be immediately reported to the security department on the second floor.

(A) anxious (B) extinct

(C) improper (D) reserved

빈출어휘 immediately 즉시(at once) | improper 적절치 못한 | security department 보안 담당 부서 | transaction 거래 | anxious 걱정하는, 열망하는 | extinct 꺼진, 멸종한

❖ 연습 문제 맛보기

Both Hong Kong and Italy have long subsidized farmers in their ---------- countries.

(A) written (B) mutual
(C) respective (D) indicative

문제풀이
전명구인 in their ----- countries에서 빈칸은 복수명사인 countries와 문맥상 자연스러운 형용사 어휘가 들어갈 자리이므로 해석을 통해서 답을 찾아야 한다. 흐름상 '----- 국가에 있는 농부들에게 오랫동안 보조금을 제공해왔다'에서 '각각의, 각자의' 뜻을 지닌 respective가 적합하므로 정답은 (C) respective이다.

빈출어휘
subsidize 보조금(장려금)을 주다 | **respective** 각각의, 따로따로 | **written** 필기의, 서면으로 된 | **mutual** 공통의, 공동의, 서로의 | **indicative** 직설법의, ~을 나타내는

직독직해
홍콩과 이탈리아는 / 오랫동안 보조금을 제공했다 / 농부들에게 / 각 국가에 있는

오답처리
(A) written – '서면으로 된'으로 복수명사 countries와 문맥상 어울리지 않는다.
(B) mutual – '공동의' 뜻인 mutual이 countries와 글의 흐름상 자연스럽게 연결되지 못한다.
(C) respective – '각각의' 의미인 respective가 복수명사 countries와 어울려 '각 국가'의 뜻처럼 자연스럽게 연결된다. 정답!
(D) indicative – '직설법의', '~을 나타내는'의 뜻인데 문맥상 적합하지가 않다.

❖ 실전 문제 ❷

The vice president highly praised Mr. Watanabe for giving significant briefings in a ---------- manner.

(A) timely (B) seasonable
(C) fortunate (D) marginal

빈출어휘
in a timely manner 시기적절하게, 적당한 타이밍에 | highly 높게, 대단히, 격찬하여 | praise A for B A를 B로 인하여 칭찬하다 | significant 중요한(important) | fortunate 운 좋은, 행운의, 복 받은 | marginal 가장자리의, 한계의, 중요하지 않은, ~에 인접한(to) | seasonable 호기의, 계절에 알맞은, 적당한

CONTENTS

토익 시험에서 매달 출제되는 문법!

UNIT 03

부사란?

족집게 비법 13

조동사와 본동사 사이에는 부사품사가 온다

족집게 비법 14

be동사+부사품사+분사 & be동사+분사+부사품사

족집게 비법 15

부사는 형용사나 동사를 수식해 주는 역할을 한다

족집게 비법 16

현재완료 또는 과거완료 사이에는 부사품사가 자리를 잡는다

족집게 비법 17

자동사와 타동사에 따라서 부사품사 위치가 다르다

족집게 비법 18

부사품사는 형용사, 현재분사, 과거분사, 수량형용사를 수식한다

족집게 비법 19

부사품사는 분리부정사와 문장 전체를 수식하는 역할을 한다

족집게 비법 20

부사 soon, already, yet, still, often, seldom의 차이점

족집게 비법 21

부사 어휘문제는 좀 헷갈리는 유형에 속한다

UNIT 03 부사란?

부사는 문장에서 꾸며주는 역할을 한다. 그러므로 글의 흐름상 생략해도 상관없다. 글 쓰는 사람 마음이다.

토익 시험에서는 매달 부사 어휘문제와 품사자리 문제가 출제되고 있다. 품사문제하면 명사, 동사, 형용사, 부사인데 형용사품사 문제는 다른 품사문제들 보다는 출제 경향이 적은 편이다.

반대로 부사는 위치가 너무 다양하기 때문에 특히 부사의 위치를 잘 파악해야 하며 선택지에 모두 부사 어휘들이 나올 때는 좀 까다로운 유형에 속한다. 우리말로 보면 모두가 마치 정답인 것처럼 보이기 때문이다.

평소에 영영사전을 활용해 보는 것이 좋다. 다음은 부사의 역할과 부사품사자리를 살펴보자.

① 부사 역할

문장에서 수식 기능만 가지므로 문장구조에서 생략될 수가 있다.

② 부사품사자리

족집게 비법 15, 18

동사를 수식한다.

ex Mr. Choi can solve the problem effectively.
미스터 최는 효과적으로 문제를 해결할 수 있다.

여기서 effectively는 형용사 effective(효과적인)에 ly만 뒤에 붙여 만든 부사다. 즉, '효과적으로'라는 뜻을 갖는다.

그런데 이 부사를 문장에서 뺀다고 해도 의미에 이상이 있는가? '미스터 최는 문제를 해결할 수 있다.' 왠지 어색하지 않다. 그런데 effectively를 넣어서 말하면 '미스터 최는 효과적으로 문제를 해결할 수 있다.'처럼 동사 '해결할 수 있다'를 뒤에서 꾸며주는 역할을 하게 된다. 좀 더 느낌이 강하게 들린다. 이처럼 부사는 문장 내에서 동사를 수식해주는 역할을 한다.

원래 부사를 adverb라고 한다. ad는 '~을 수식하다'이며 verb는 '동사'라는 뜻이다. 다시 말해서 동사를 꾸며주는 역할을 하는 게 부사다. 위 예문에서 타동사 solve를 부사 effectively가 문장 끝에서 수식을 해주었다.

단, 부사의 위치는 동사가 자동사일 때와 타동사일 때 그 위치가 좀 다르다.

족집게 비법 15, 18

형용사를 수식한다.

ex It is extremely difficult that 주어+동사. ~ 상당히 어렵다.

부사가 꾸며주는 대상이 다른 품사들보다는 다양하다. 특히 부사는 형용사를 꾸며주는 역할을 한다. 한마디로 말하면 형용사의 의미를 좀 더 강조해준다고 보면 된다.

예문을 보면 '어려운'의 뜻인 difficult를 부사 extremely(대단히, 몹시)가 앞에서 수식해 주었다. 즉 '어려운'이 '상당히 어려운'처럼 의미가 한층 더 풍부해졌다.

부사를 수식한다.

ex A new employee is working extremely hard.
새로운 직원은 대단히 열심히 일하고 있다.

부사는 자신 말고 또 다른 부사를 수식해 준다. 예로 A new employee is working hard의 뜻은 '새로운 직원은 열심히 일하고 있다.'인데, 여기서 hard는 형용사로 '힘든'이 아닌 부사로 '열심히'의 뜻이다. 문장 구성에 전혀 이상이 없다.

그런데 그 앞에 나온 부사 extremely가 부사 hard를 수식해 의미가 '대단히 열심히'처럼 바뀌게 되었다. 이처럼 부사는 문장에서 생략되어도 글 흐름에 아무런 지장을 주지는 못한다. 한마디로 있어도 그만 없어도 그만이다.

족집게 비법 14, 18, 19

준동사(부정사, 분사, 동명사)를 수식한다.

ex The newly installed photocopier broke down.
새롭게 설치된 복사기가 고장 났다.

부사는 준동사 역할을 하는 부정사, 분사(현재분사, 과거분사) 그리고 동명사를 꾸며준다. 그만큼 부사의 자리는 자유롭다.

예문을 보면 '새롭게 설치된'에 해당하는 newly installed에서 newly는 형용사 new에 ly를 붙여 newly처럼 부사로 만들었다. 그리고 '설치하다'의 뜻인 install에 ed를 붙여 '설치된'의 installed처럼 과거분사를 만들었다. 과거분사도 형용사 역할을 하기에 부사 newly가 앞에서 꾸며줄 수가 있는 것이다.

족집게 비법 19

문장 전체를 수식한다.

ex Regrettably, we were unable to meet the deadline.
후회스럽게도, 우리는 마감일을 맞출 수가 없었다.

부사는 문장 맨 앞에 나와 뒤에 나오는 전체 문장을 수식해 주는 역할을 한다. 예전 이전 토익 시험에서는 부사품사자리 문제로 자주 등장했던 유형이다.

③ 형용사+ly는 부사 역할을 한다.

부사를 쉽게 만드는 방법은 형용사에 ly를 붙이는 것이다.

예를 들어 형용사 quick(빨리, 신속한)에 ly를 붙여 quickly처럼 하면 '신속하게, 빠르게'처럼 뜻이 된다. 형용사 active(활동적인, 능동적인)에 ly를 붙여 actively처럼 표현하면 부사로 '활발하게, 적극적으로'의 뜻을 가지게 된다.

④ 혼동되기 쉬운 두 가지 형태의 부사

부사 중에 모습은 비슷한데 완전히 다른 의미를 갖는 경우가 있다. 다음 단어들이 그렇다.

late	늦게	lately	최근에
high	높게	highly	매우, 대단히
near	가까이	nearly	거의
hard	열심히	hardly	거의 ~하지 않다

이런 단어들은 평소에 눈여겨보아야 한다.

족집게 비법 20

⑤ 부정부사

부사 중에 자체적으로 부정의 뜻을 가지고 있는 부사를 말한다. 이런 부정부사는 not, never, no의 도움을 받지 않고도 문장 내용을 부정의 뜻으로 만들 수가 있다.

여기에는 hardly(거의 ~할 것 같지 않다), rarely(거의 ~하지 않은), scarcely(거의 ~아닌), barely(거의 ~않다) 등이 있다.

ex She has **hardly** ever prepared her speech.
그녀는 결코 그녀의 연설을 준비하지 않았다.

부정부사의 특수구문

부정부사가 문장 앞으로 나오는 경우 주어와 동사가 서로 도치가 된다. 예문을 잘 살펴보면 잘 알 수가 있다.

ex **Hardly** had we left for the day **when** the phone rang suddenly.
= **Scarcely** had we left for the day **before** the phone rang suddenly.
= **No sooner** had we left for the day **than** the phone rang suddenly.
우리가 퇴근하자마자 갑자기 전화가 울렸다.

조심할 것은 앞에는 과거완료 시제가 나왔고 뒤에는 과거 시제가 나왔다는 점이다. 특히 이 점에 주의해야 한다.

족집게 비법 20

⑥ 꼭 알아 두어야 할 부사들

부사 문제 중에 기본적인 부사들의 역할을 묻는 문제가 가끔 나온다. 선택지에 나온 부사들을 보면 그렇게 어렵지는 않지만, 글의 흐름이나 어법을 통해서 해결해야 할 경우가 있다. 각 부사들의 뜻과 역할을 알아본다.

- **still** : 여전히, 아직도(상태나 동작의 계속성을 의미한다)

ex We are still waiting for the test results.
우린 아직도 테스트 결과들을 기다리고 있는 중이다.

- **yet** : 아직, 벌써(be yet to + 동사, have yet to + 동사 : 아직도 ~하지 않다)

ex He has yet to receive her letter.
그는 아직도 그녀의 편지를 받지 못했다.

- **already** : 이미, 벌써(already는 완료시제와 잘 어울린다)

ex Mr. Kang has already finished his new project.
미스터 강은 이미 그의 새 프로젝트를 끝냈다.

- **very** : 형용사의 최상급, 원급을 수식한다.

ex A new engineer is very young. 새로운 기술자는 매우 젊다.

- **much** : 형용사의 비교급, 과거분사를 수식한다.

ex Our manager was much satisfied with the result of the test.
우리 매니저는 테스트 결과에 매우 만족했다.

- **almost** : 거의(almost all of the+복수명사)

ex Almost all of the people were surprised to hear that news.
거의 모든 사람들이 그 소식을 듣고 놀랐다.

• **approximately / nearly + 수사** : 거의, 대략

ex in approximately 10 minutes. 대략 10분 후에

기본적인 부사들이지만 꼭 예문을 통해서 익혀두는 게 중요하다.

족집게 비법 13

출제 빈도수 ★☆☆

조동사와 본동사 사이에는 부사품사가 온다.

조동사 다음에 빈칸이 보이고 그다음에 본동사가 나오면 선택지에서 부사품사를 답으로 고르면 된다. 왜냐하면 부사(adverb)는 동사를 앞에서 수식에 주는 역할을 하기 때문이다. 토익 시험에서 출제빈도는 그다지 높지 않다.

토익 출제 POINT

ex can ***easily*** obtain	조동사(can) + 부사품사(***easily***) + 타동사(obtain)
ex can ***easily*** walk	조동사(can) + 부사품사(***easily***) + 자동사(walk)
ex will ***favorably*** affect	조동사(will) + 부사품사(***favorably***) + 타동사(affect)

❖ 실전 문제 ❶

This election outcome will ---------- affect the rival parties' strategy on next month's special election.

(A) great (B) greater
(C) greatly (D) greatness

빈출어휘 outcome 결과, 성과 | greatly 대단히, 엄청나게 | greatness 거대함, 중요, 중대 | strategy 전략, 전술 | affect 영향을 주다, 영향이 미치다 | special election 보궐선거

❖ 연습 문제 맛보기

Your job application form should ---------- include information about age, education, work experience and so on.

(A) certain (B) certainly
(C) certainty (D) certitude

문제풀이 조동사 should와 동사원형인 include사이에는 부사품사가 자리를 잡으므로 정답은 (B) certainly이다.

빈출어휘 certain 확실한 | certainly 틀림없이, 확실하게 | certainty 확실성, 확신 | certitude 확신, 확실(성) | include 포함시키다, 내포하다 | job application form 구인 신청서 | work experience 경력 | and so on 기타 등등

직독직해 당신 구인 신청서는 / 확실히 포함해야 한다 / 정보를 / 나이, 학력, 경력 그리고 기타 등등에 관한

오답처리
(A) certain – 형용사로 뒤에 나오는 타동사 include를 앞에서 꾸며줄 수 없다.
(B) certainly – 부사로 조동사 should와 본동사 include 사이에 나올 수가 있다. 정답!
(C) certainty – 명사로 동사를 앞에서 꾸며주지 못한다.
(D) certitude – 명사로 조동사와 본동사 사이에 나올 수가 없다.

❖ 실전 문제 ❷

Mr. Ken should ---------- encourage all his co-workers to purchase the KEC shares with their own situations in mind.

(A) strong (B) strongly
(C) stronger (D) strongest

빈출어휘 encourage 격려하다, 장려하다, 용기를 돋우다 | purchase 구입하다(make a purchase), 사다, 매수하다, 획득하다 | with A in mind ~을 고려하여 | strongly 강력하게, 맹렬하게, 적극적으로

족집게 비법 14

출제 빈도수 ★★★

be동사 + 부사품사 + 분사 & be동사 + 분사 + 부사품사

다른 품사보다는 좀 위치가 자유스러운 것이 바로 부사품사다. 그래서 부사는 분사를 수식해 줄 수 있는 역할을 가지기도 한다. 과거분사도 일종의 형용사이기 때문에 부사품사에 의해 수식을 받는다. 또한, 부사는 be동사와 현재분사 사이에 나와 뒤에 따르는 현재분사를 꾸며준다.

토익 출제 POINT

ex remain ***fully*** stocked	불완전자동사(remain) + 부사품사(***fully***) + 과거분사(stocked)
ex are ***actively*** seeking	be동사(are) + 부사품사(***actively***) + 현재분사(seeking)
ex be ***easily*** found	be동사(be) + 부사품사(***easily***) + 과거분사(found)
ex be inspected ***frequently***	be동사(be) + 과거분사(inspected) + 부사품사(***frequently***)
ex be functioning ***properly***	be동사(be) + 현재분사(functioning) + 부사품사(***properly***)

❖ 실전 문제 ❶

Our traditional marketing strategy should be ---------- reevaluated before the end of this month.

(A) thoroughly (B) thorough
(C) thoroughness (D) more thorough

빈출어휘 traditional 전통적인 | marketing strategy 마케팅 전략 | reevaluate 재평가하다 | before the end of this month 이달 말 전까지 | thorough 철저한 | thoroughly 철저하게 | thoroughness 철저함

❖ 연습 문제 맛보기

All employment application forms need to be ---------- filled out before the end of the day.

(A) complete (B) completes
(C) completed (D) completely

문제풀이 구조상 'be동사+부사품사+과거분사자리'이므로 **정답은 (D) completely**가 된다.

빈출어휘 employment application form 채용 신청서 | fill out 작성하다, 채우다 | complete 완전한, 완벽한 | completely 철저하게, 완벽하게 | before the end of the day 하루 일과가 끝나기 전까지

직독직해 모든 고용 신청서들은 / 완벽하게 / 작성되어야 한다 / 하루 일과가 끝나기 전까지

오답처리
(A) complete – 동사와 형용사 역할을 동시에 하는 complete는 부사 역할을 하지 못한다.
(B) completes – 3인칭 동사인 completes는 부사 역할을 못한다.
(C) completed – 과거동사와 과거분사인 completed는 be filled out을 수식 못한다.
(D) completely – 부사로 'be .....filled out' 에서 빈칸 자리에 들어올 수가 있다. 다시 말해서 빈칸이 없어도 문장 구성에는 이상이 없다. 이럴 때 빈칸에 부사품사가 들어간다. 정답!

❖ 실전 문제 ❷

Please make sure that your seatbelt is ---------- fastened and refrain from smoking during the entire flight.

(A) secure (B) security
(C) securely (D) securing

빈출어휘 fasten 매다, 채우다 | refrain from ~을 삼가다 | secure 안전한, 확고한 | securely 안전하게, 단단하게 | security 안전, 보안

족집게 비법 15

출제 빈도수 ★★★

부사는 형용사나 동사를 수식해 주는 역할을 한다.

부사는 형용사와 동사의 의미를 강조해 주는 역할을 한다. 부사품사는 be동사와 형용사 사이에 나온다. 특히 '부사품사+동사'의 구조를 꼭 기억해 두어야 한다.

토익 출제 POINT

ex is ***overwhelmingly*** positive	be동사(is) + 부사품사(***overwhelmingly***) + 형용사(positive)
ex is ***extremely*** difficult	be동사(is) + 부사품사(***extremely***) + 형용사(difficult)
ex is ***partly*** responsible for	be동사(is) + 부사품사(***partly***) + 형용사(responsible) + 전치사(for)
ex ***excessively*** focus on	부사품사(***excessively***) + 자동사(focus) + 전치사(on)
ex ***enthusiastically*** applaud	부사품사(***enthusiastically***) + 타동사(applaud)
ex ***clearly*** state	부사품사(***clearly***) + 타동사(state)
ex ***attentively*** listen to	부사품사(***attentively***) + 자동사(listen) + 전치사(to)
ex ***carefully*** review	부사품사(***carefully***)+타동사(review)

❖ 실전 문제 ❶

Canon ---------- accounts for about a third of the global market while ST Corp. has approximately 20 percent.

(A) current (B) currently
(C) more current (D) most current

빈출어휘 account for 설명하다(explain), 밝히다, 차지하다 | global market 세계 시장 | currently 일반적으로, 현재의 | approximately 대략(nearly, about)

❖ 연습 문제 맛보기

Most employees shop at this supermarket because its prices are ---------- competitive.

(A) high (B) highly
(C) highness (D) height

문제풀이 형용사 competitive의 의미를 강조해 줄 수 있는 품사는 바로 부사이므로 **정답은 (B) highly**이다. 쉽게 생각하면 빈칸을 생략하고도 문장 구성이 이상이 없다면 부사품사가 정답이 될 확률이 아주 높다.

빈출어휘 **employee** 직원, 근로자 | **competitive** 치열한, 경쟁력이 있는, (가격이) 싼 | **high** 높은 | **highly** 대단히, 높게 | **highness** 높음, 고도 | **height** 신장

직독직해 대부분의 직원들은 / 쇼핑한다 / 이 슈퍼마켓에서 / 그것의 가격들이 / 대단히 경쟁력 있기(싸기) 때문에

오답처리
(A) high – 형용사로 be동사와 형용사 사이에 나올 수가 없다.
(B) highly – 부사로 형용사 competitive를 수식해 준다. 빈칸이 없다고 생각해도 문장 구성에 이상이 없다는 것을 알 수가 있다. 정답!
(C) highness – 명사로 뒤에 나오는 형용사를 수식할 수 없다.
(D) height – 명사로 형용사를 앞에서 수식 못한다.

❖ 실전 문제 ❷

After rapid advances over the last five years, the region's stock market ---------- recorded much larger increases in 2014.

(A) generally (B) general
(C) more general (D) generalized

빈출어휘 **stock market** 주식시장 | **increase** 증가, 상승 | **region** 지역, 영역, 지방 | **advance** 발전, 진보(in) | **general** 일반의, 대체적인 | **generally** 일반적으로, 대체로, 전반적으로 | **generalize** 일반화하다, 보편화하다

족집게 비법 16

출제 빈도수 ★☆☆

현재완료 또는 과거완료 사이에는 부사품사가 자리를 잡는다.

현재완료 또는 과거완료 사이에 빈칸이 나오면 바로 부사품사가 자리를 잡아서 뒤에 나오는 과거분사를 수식해준다.

토익 시험에서 완료시제 사이에 빈칸이 나와 뒤에 나오는 과거분사를 꾸며주는 부사품사 고르는 문제는 빈도수가 높지 않다.

토익 출제 POINT

ex have ***greatly*** improved　　조동사(have) + 부사품사(***greatly***) + 과거분사(improved)

ex has ***repeatedly*** advised　　조동사(has) + 부사품사(***repeatedly***) + 과거분사(advised)

❖ 실전 문제 ❶

The prices for imported meat products have ---------- begun to climb in several major cities of Europe.

(A) quickest　　(B) quicker

(C) quick　　(D) quickly

빈출어휘 imported meat products 수입산 육류 제품 | quick 신속한, 재빠른 | quickly 재빠르게, 곧, 신속하게 | climb 오르다, 상승하다, 등반하다

❖ 연습 문제 맛보기

The prices for basic goods have ---------- started to increase over the past five months.

(A) quick (B) quickly
(C) quicker (D) quickest

문제풀이 현재완료 have started 사이에 나온 빈칸은 과거분사(started)를 수식해 주는 부사품사가 들어가야 하므로 정답은 (B) quickly가 된다.

빈출어휘 **price** 가격, 시사, 물가 | **quickly** 재빠르게, 곧, 신속하게 | **quick** 빠른, 성급한, 민첩한 | **start to do** ~하기 시작하다 | **increase** 오르다, 증가하다, 늘어나다

직독직해 가격들이 / 기초 생필품에 대한 / 급격히 오르기 시작했다 / 지난 5개월에 걸쳐

오답처리
(A) quick – 형용사로 뒤에 나오는 과거분사를 수식 못한다.
(B) quickly – 부사로 과거분사 started를 꾸며줄 수 있다. 정답!
(C) quicker – 빈칸은 비교급이 들어갈 자리가 아니다.
(D) quickest – 빈칸은 최상급이 들어갈 자리가 아니다.

❖ 실전 문제 ❷

Mr. Kang's new secretary has ---------- started learning not only Japanese but also Chinese.

(A) recently (B) recent
(C) more recent (D) most recent

빈출어휘 secretary 비서 | recent 근래의, 최근의 | recently 최근에, 근래에 | not only A but also B A뿐만 아니라 B도 역시

족집게 비법 17

출제 빈도수 ★☆☆

자동사와 타동사에 따라서 부사품사 위치가 다르다.

부사는 동사 앞에 나와서 동사를 수식해 주는 역할을 한다. 특히 자동사와 타동사일 때 부사품사가 어떻게 위치하는지를 잘 기억하자. 기본적인 형태로 부사는 동사 앞이나 뒤에 모두 올 수가 있다. 그러나 타동사의 경우에는 목적어가 동사 다음에 나오고, 그리고 그 뒤에 부사가 자리를 잡아서 동사를 수식하는데 실제 동사와의 거리가 멀리 떨어져 있는 경우가 종종 있다. 최근 토익에서는 출제 빈도가 그다지 높지 않다.

토익 출제 POINT

ex speak ***clearly***	자동사(speak) + 부사품사(***clearly***)
ex establish itself ***securely***	타동사(establish) + 재귀대명사(itself) + 부사품사(***securely***)
ex fasten your seatbelt ***securely***	타동사(fasten) + 소유격대명사(your) + 명사(seatbelt) + 부사품사(***securely***)
ex measure it ***carefully***	타동사(measure) + 대명사(it) + 부사품사(***carefully***)
ex rely ***exclusively*** on	자동사(rely) + 부사품사(***exclusively***) + 전치사(on)
ex ***excessively*** focus on	부사품사(***excessively***) + 자동사(focus) + 전치사(on)
ex arrive ***promptly***	자동사(arrive) + 부사품사(***promptly***)
ex respond ***promptly*** to	자동사(respond) + 부사품사(***promptly***)+전치사(to)

❖ 실전 문제 ❶

KEP Service needs to help its valuable clients who want to run their own businesses ---------- and effectively.

(A) efficient (B) efficiently
(C) efficiency (D) efficiencies

빈출어휘 valuable 귀중한, 소중한 | client 고객 | efficient 능률적인, 효율적인 | efficiently 효율적으로 | efficiency 효율, 능률 | effectively 효과적으로

❖ 연습 문제 맛보기

We just decided to work ---------- on the new bridge construction project which is worth millions of euros.

(A) cooperates (B) cooperatively
(C) cooperation (D) cooperated

문제풀이 자동사인 work는 전치사의 도움을 받아서 목적어를 취할 수가 있는데 빈칸에는 동사의 의미를 강조해 주는 부사품사가 들어가야 하므로 정답은 (B) cooperatively가 된다.

빈출어휘 construction 공사, 건설, 구조 | worth ~의 가치가 있는 | cooperate 협력하다, 협동하다 | cooperation 협력, 협동 | cooperatively 협력하여, 협조하여 | millions of euros 수백만 유로의

직독직해 우리는 / 방금 결정했다 / 협력하며 일하기로 / 새로운 다리 공사 계획에 / 수백만 유로의 가치가 있는

오답처리
(A) cooperates – 3인칭 동사는 부사품사 자리에 나올 수가 없다.
(B) cooperatively – 부사품사로 자동사로 쓰인 work를 뒤에서 수식할 수 있다. 정답!
(C) cooperation – 명사품사로 부사 자리에 들어갈 수 없다.
(D) cooperated – 과거시제나 과거분사 역할을 하는 cooperated는 부사자리에 들어갈 수가 없다.

❖ 실전 문제 ❷

The ability to speak ---------- is an important factor when you are trying to communicate with your business partner.

(A) clear (B) clearly
(C) clearing (D) clearness

빈출어휘 ability 능력, 재능 | speak 말하다, 구사하다, 이야기하다 | important 중요한, 중대한(significant) | factor 요인, 인자, 요소 | communicate with ~와 대화를 나누다 | business partner 사업 파트너 | clear 분명한, 명료한, 명석한, 이해된 | clearly 분명하게, 명료하게

족집게 비법 18

출제 빈도수 ★★★

부사품사는 형용사, 분사형용사(현재분사, 과거분사), 수량형용사를 수식한다.

구조상 '관사 + 부사품사 + 형용사(분사) + 명사'의 순서를 가지며 보통 부사 자리에 빈칸이 나오는 경우가 많다. 특히 분사형용사를 부사품사가 꾸며줄 수 있다. 분사형용사라 분사의 형태를 갖지만 명사를 앞에서 수식해주는 역할을 하는 것을 말한다. 또한, 부사품사 선택문제에서 'approximately + 수사 + 명사'의 유형도 기억하자.

토익 출제 POINT

ex in a ***surprisingly*** short period
전치사(in) + 부정관사(a) + 부사품사(***surprisingly***) + 형용사(short) + 명사(period)

ex a ***rapidly*** growing market
부정관사(a) + 부사품사(***rapidly***) + 분사형용사(growing) + 명사(market)

ex an ***exceptionally*** talented performer
부정관사(an) + 부사품사(***exceptionally***) + 분사형용사(talented) + 명사(performer)

ex ***exceptionally*** well planned 부사품사(***exceptionally***) + 부사(well) + 분사형용사(planned)

ex ***economically*** feasible 부사품사(***economically***) + 형용사(feasible)

ex ***approximately*** 30 people 부사품사(***approximately***) + 수사(30) + 명사(people)

❖ 실전 문제 ❶

Kent Corps. has decided to suspend its construction project for ---------- five months.

(A) nearly (B) nearest
(C) nearing (D) nearer

빈출어휘 decide to ~하기로 결정하다 | suspend 중단하다, 연기하다 | nearly 거의, 대략, 대충 | construction project 건설 계획

❖ 연습 문제 맛보기

Because of a ---------- growing elderly population in Germany, a great number of new jobs will need to be created within the next two years.

(A) rapidness (B) rapidity
(C) rapidly (D) more rapid

문제풀이 구조상 '관사+부사품사자리+분사형용사'가 되어야 하므로 빈칸자리에 분사형용사로 쓰인 현재분사 growing을 수식해주는 부사품사 rapidly가 들어가야 한다. 정답은 (C) rapidly이다.

빈출어휘 **because of** ~ 때문에(owing to, due to) | **elderly population** 노인 인구 | **a great number of** 상당한 수의 | **rapid** 빠른, 신속한, 민첩한 | **rapidly** 신속하게, 민첩하게 | **rapidity** 신속, 급속 | **rapidness** 신속, 민첩성

직독직해 급격하게 늘어나는 노인 인구 때문에 / 독일에서 / 상당한 수의 새 일자리들이 / 창출되어야 할 것이다 / 앞으로 2년 내에

오답처리
(A) rapidness – 명사품사로 부사 자리에 들어갈 수 없다.
(B) rapidity – 명사품사로 부사 자리에 들어갈 수 없다.
(C) rapidly – 부사로 뒤에 따르는 분사형용사 growing을 수식해 준다. 정답!
(D) more rapid – 빈칸자리는 분사형용사 growing을 수식해 주는 부사품사자리이므로 오답이다.

❖ 실전 문제 ❷

The new conference room with state-of-the-art equipment can easily accommodate ---------- 200 people.

(A) approximate (B) approximately
(C) approximation (D) approximated

빈출어휘 a-state-of-the-art 최고의, 최신의 | accommodate 수용하다 | approximate 근사한, 대체의 | approximately 대략(nearly) | approximation 접근, 근사 | conference room 회의실, 회의장

족집게 비법 19

출제 빈도수 ★☆☆

부사품사는 분리부정사(to+부사품사+동사)와 문장 전체를 수식하는 역할을 한다.

분리부정사는 'to + 부사품사 + 동사원형'의 구조를 가지며 부사는 문장 제일 앞에 나와서 뒤에 따르는 문장 전체를 수식해 주는 역할을 한다. 최근 토익에서는 출제 빈도수가 상당히 낮은 편이다.

토익 출제 POINT

ex to ***thoughtfully*** act	to부정사(to) + 부사품사(***thoughtfully***) + 자동사(act)
ex ***Currently***, Mr. Choi is	부사품사(***currently***) + 주어(Mr. Choi) + be동사(is)

❖ 실전 문제 ❶

----------, approximately 90 percent of our customers are satisfied with the quality of our products.

(A) Current (B) Currentness
(C) Currently (D) More current

빈출어휘 customer 고객 | be satisfied with ~에 만족하다 | quality 품질 | approximately 대략(nearly) | currently 현재, 일반적으로 | current 지금의, 현재의, 통용되는 | currentness 흐름, 기류, 경향

❖ 연습 문제 맛보기

In order to ---------- finish his new project on time, Mr. Choi will need to work harder than now.

(A) completely (B) complete
(C) completion (D) completive

문제풀이 분리부정사로 빈칸에는 부사품사가 들어가서 뒤에 나오는 동사 finish를 꾸며주므로 **정답은 (A) completely**이다.

빈출어휘 completely 완벽하게 | complete 완벽한, 완전한 | completion 완성, 성취, 완결 | completive 완성적인 | in order to+**동사원형** ~하기 위해서 | finish 끝내다, 마치다 | on time 시간대로, 시간을 어기지 않고

직독직해 완벽하게 끝내기 위해서 / 그의 새 프로젝트를 / 제시간에 맞춰 / 미스터 최는 / 일해야 할 것이다 / 지금 보다 더 열심히

오답처리
(A) completely – **부사품사로 분리부정사 사이에 들어가 뒤에 나오는 동사원형 finish를 꾸며줄 수 있다. 정답!**
(B) complete – 동사와 형용사 역할을 하는 complete는 부사 자리에 들어갈 수가 없다.
(C) completion – 명사는 뒤에 나오는 동사를 꾸며줄 수가 없다.
(D) completive – 형용사인 completive는 부사 역할을 못 한다.

❖ 실전 문제 ❷

It is a little hard for us to ---------- predict what will happen to our position in the new market environment.

(A) correct (B) corrective
(C) correctness (D) correctly

빈출어휘 predict 예견하다, 예상하다 | in the new market environment 새로운 시장 환경 속에서 | correct 수정하다, 고치다 | correctly 정확하게, 올바르게 | corrective 고치는, 개정하는 | correctness 단정, 정확함

족집게 비법 20

출제 빈도수 ★★☆

부사 soon, already, yet, still, often, seldom의 차이점을 묻는다.

부사 already, still, yet 등은 짧고도 쉬운 부사 어휘들인데 문제의 전체적인 흐름을 통해서 답을 찾는 유형으로 종종 출제되기 때문에 그다지 쉽지는 않다. 그러므로 문맥을 정확히 파악해야 하며 각 부사들의 쓰임새를 잘 알고 있어야 한다. 중요한 기타 부사들을 보면 다음과 같다.

just	오직(only)	always	항상
even	심지어(비교급 강조)	hardly ever	거의 ~않다
too much + 불가산명사	너무 많은	rather	다소
well	잘	soon	곧
right(= immediately) after/before	바로 직후/직전		

토익 출제 POINT

- ex be used ***only*** — be동사(be) + 과거분사(used) + 부사(***only***)
- ex ***only*** those with — 부사(***only***) + 부정대명사(those) + 전치사(with)
- ex ***well*** attend — 부사(***well***) + 타동사(attend)
- ex ***already*** filled up — 부사(***already***) + 과거동사(filled) + 부사(up)
- ex be ***usually*** kept — be동사(be) + 부사(***usually***) + 과거분사(kept)

❖ 실전 문제 ❶

Our company's new advertising campaign will ---------- be implemented throughout the country.

(A) yet (B) already
(C) ago (D) soon

빈출어휘 throughout the country 전국을 통해서 | implement 시행하다, 이행하다 | advertising campaign 광고 캠페인

❖ 연습 문제 맛보기

Our new manager has ---------- left for the Chicago branch for important business meetings concerning America.

(A) already (B) ago
(C) yet (D) usually

문제풀이 현재완료 has ----- left 사이에 문맥상 어울리는 부사가 나와야 한다. 글의 전반적인 흐름상 '이미 시카고 지사로 떠났다'가 되어야 하므로 정답은 (A) already이다.

빈출어휘 usually 보통, 항상 | important 중요한 | business meeting 사업 모임 | concerning ~에 관하여

직독직해 우리의 새로운 매니저는 / 이미 떠났다 / 시카고 지사로 / 중요한 비즈니스 미팅들 때문에 / 미국에 관한

오답처리
(A) already – '이미', '벌써'라는 뜻으로 글의 흐름상 자연스럽다. 정답!
(B) ago – 부사로 '전에'라는 뜻으로 과거시제와 함께 사용된다.
(C) yet – 보통 '아직', '벌써'라는 뜻으로 사용된다. 부정문에서는 문장 끝에 나온다. 또한 be yet to+동사, have yet to+동사(아직도 ~하지 않다) 구조로 나오는 경우가 많다.
(D) usually – 습관적이거나 반복적인 행동을 할 때 usually는 '보통', '항상'이라는 뜻으로 쓰인다. 현재시제와 사용된다.

❖ 실전 문제 ❷

Anyone who has a valid ID card is able to join this fitness club for ---------- ten dollars per month.

(A) just (B) little
(C) ever (D) low

빈출어휘 valid 유효한, 정당한, 타당한 | be able to+동사원형 ~할 수 있다 | fitness club 헬스클럽

족집게 비법 21

출제 빈도수 ★★★

부사 어휘문제는 좀 헷갈리는 유형에 속한다.

매달 출제되고 있는 부사 어휘 문제는 명사나 동사 그리고 형용사 어휘 문제보다는 좀 헷갈리는 유형에 속하므로 평소에 부사가 꾸며주는 어휘들과 함께 한 덩어리로 암기해 두어야 한다.

토익 출제 POINT

ex ***especially*** helpful	부사어휘(***especially***) + 형용사(helpful)
ex ***completely*** free of charge	부사어휘(***completely***) + 형용사(free) + 전치사(of) + 명사(charge)
ex answer ***quickly***	타동사(answer) + 부사어휘(***quickly***)
ex check ***regularly***	타동사(check) + 부사어휘(***regularly***)
ex ***shortly*** after/before	부사어휘(***shortly***) + 전치사/접속사(after/before)
ex be sent ***separately***	be동사(be) + 과거분사(sent) + 부사어휘(***separately***)
ex ***easily*** refer to	부사어휘(***easily***) + 자동사(refer) + 전치사(to)
ex do ***immediately***	타동사(do) + 부사어휘(***immediately***)
ex ***markedly*** successful	부사어휘(***markedly***) + 형용사(successful)

❖ 실전 문제 ❶

After long consideration, Mr. Wang ---------- agreed on a plan to build a new plant in New York.

(A) permanently (B) finally
(C) cordially (D) equally

빈출어휘 consideration 심사숙고 | permanently 영원히 | finally 마침내, 드디어(at last) | cordially 정중하게 | equally 동등하게

❖ 연습 문제 맛보기

Since last August, Park's Lab Inc. has been focusing ---------- on improving its own brand image.

(A) initially (B) originally
(C) numerically (D) primarily

문제풀이 자동사인 focus와 문맥상 어울리는 부사 어휘를 선택하는 문제로 '주로 ~향상시키는 데 초점을 두고 있었다'가 되어야 하므로 정답은 (D) primarily가 된다.

빈출어휘 focus on ~에 초점을 두다 | initially 처음으로, 초기에 | originally 근본적으로, 원래는 | numerically 수치적으로 | primarily 주로(chiefly) | improve 개선하다, 향상하다

직독직해 지난 8월 이후로 / 팍스랩 회사는 / 주로 중점을 두고 있었다 / 개선시키는 데 / 자체 브랜드 이미지를

오답처리
(A) initially – '처음으로', '초기에'라는 뜻으로 글의 전반적인 흐름상 부적합하다.
(B) originally – '원래는', '근본적으로'라는 뜻으로 자동사 focus와 글의 흐름상 자연스럽지 못하다.
(C) numerically – '수치적으로'으로 해석상 자연스럽지 못하다.
(D) primarily – '주로'라는 뜻으로 동사 focus와 어울려 '주로 초점을 두다'가 되어야 글의 흐름이 자연스럽다. 정답!

❖ 실전 문제 ❷

As of next month, this new technology will be implemented, which will ---------- increase the speed of the whole manufacturing process.

(A) dramatically (B) conveniently
(C) diligently (D) differently

빈출어휘 implement 시행하다, 실행하다, 실시하다 | dramatically 눈부시게, 엄청나게 | conveniently 편리하게, 편안하게 | diligently 부지런히, 열심히 | manufacturing process 제조 과정 | differently 다르게

CONTENTS

토익 시험에서 매달 출제되는 문법!

UNIT 04

동사란?

족집게 비법 22

주어 다음에는 본동사가 나와야 한다.

족집게 비법 23

조동사 다음에는 동사원형 또는 be+과거분사 구조가 나올 수가 있다

족집게 비법 24

Please는 일종의 명령문으로 주어가 생략된 상태에서 바로 동사원형

족집게 비법 25

사역동사인 have, let, make, help는 목적보어로 동사원형을 갖는다

족집게 비법 26

조동사 다음에 부사품사가 나오면 그다음에는 동사원형이 나와야 한다

족집게 비법 27

요구(ask), 제안(suggest), 충고(advise), 주장(insist), 추천(recommend) / 형용사(important, necessary, essential, imperative)+접속사(that) 주어+동사원형의 구조

족집게 비법 28

문장에는 주어와 동사가 있어야 하며 준동사는 본동사 역할 못한다

족집게 비법 29

자동사는 전치사의 도움을 받아 타동사구의 역할을 하므로 목적어 가능

족집게 비법 30

타동사란 목적어 역할로 명사(구)가 필요한 동사다

족집게 비법 31

자동사는 목적어가 없기 때문에 수동태로 바꿔 사용될 수가 없다

족집게 비법 32

수여동사 다음에는 간접목적어(~에게)+직접목적어(~을)가 나온다

족집게 비법 33

불완전타동사란 '동사+목적어+목적보어'의 구조를 갖는 동사다

족집게 비법 34

구조상 '타동사+목적어+전치사'를 갖는 동사들이 있다

족집게 비법 35

동사품사 문제보다는 동사 어휘 문제가 더 많이 출제되고 있다

UNIT 04

동사란?

동사란 우리말에 '~이다'에 해당되는 말이다. 동사에는 be동사(am, is, are, was, were)와 동작 동사(go, come, swim, cook...)와 상태 동사(like, believe, remember...)가 있다.

동작 동사는 말 그대로 동작의 뜻을 지니고 있는 동사를 말하며 상태 동사는 동작 동사처럼 동작이 있는 것이 아니라 모양이나 상황적인 의미를 지닌 동사를 말한다. 동작 동사는 진행형으로 사용될 수 있지만 반면에 상태 동사는 진행형으로 쓸 수가 없다.

토익에서는 동사의 쓰임새를 자주 묻는다. 물론 문맥의 흐름을 통해서 자연스러운 뜻의 동사를 고르는 어휘 문제도 나오지만 이럴 때는 선택지에 자동사(목적어가 오지 않는 동사)와 타동사(명사가 목적어로 뒤에 나오는 동사)가 동시에 나올 경우가 많다. 그러므로 평소에 동사가 전치사를 필요로 하는 동사인지 아닌지를 파악하는 것이 중요하다.

① 동사의 위치

문장에서 주어 다음에는 동사가 나온다. 우리말은 동사가 문장 맨 끝에 나오지만, 영어는 이와 완전 반대 구조가 된다. '주어+동사' 구조로 시작된다. 주어가 없이 동사로 시작되면 일종의 명령문이다.

토익에서는 Please 다음에 빈칸이 나와 동사원형을 찾는 문제가 예전 토익에서는 자주 등장했는데 최신 토익 시험에서는 거의 출제되지 않는 유형이다. 다음 기본적인 동사의 위치를 알아보자.

족집게 비법 22, 28

주어 + 동사

주어는 보이고 그다음에 빈칸 자리가 나왔다면 선택지에서 동사를 답으로 찾으면 된다.

ex Some of the employees proposed... 일부 직원들이 ~을 제안했다

문장 구조를 보면 Some of the employees까지 문장의 주어가 되며 과거동사 proposed가 본동사 역할을 한다. 이처럼 주어가 나오면 반드시 문장 속에서 동사가 어떤 건지를 빨리 파악하는 것이 중요하다.

족집게 비법 23, 26

주어 + 조동사 + 동사원형

주어 다음에 조동사가 보이고 그다음에 빈칸이 나왔다면 선택지에서 동사 원형을 찾으면 된다. 이때 선택지에 동사원형과 수동태가 같이 보일 경우 주어와의 관계가 능동인지 수동인지 파악해야 하며, 또한 동사가 자동사인지 타동사인지를 알아야 한다.

ex Smoking can damage your health. 흡연은 당신의 건강을 해칠 수 있다.

주어는 smoking이며 동사는 can damage이다. 그리고 your health는 명사구로 목적어 역할을 한다. 여기서 조동사 can 다음에 타동사 damage가 나왔다. 토익 시험에는 이처럼 조동사 다음에 동사원형을 찾는 아주 쉬운 문제도 가끔 출제된다. 쉬운 문제일수록 절대 정답을 놓치면 안 된다.

족집게 비법 24

Please + 동사원형

Please 다음에는 주어가 생략된 상태에서 동사 원형이 바로 나온다. 일종의 명령문이다. 요즘 토익 시험에서는 잘 출제되지 않고 있다.

ex Please fasten your seatbelt securely. 좌석벨트를 단단히 매주십시오.

족집게 비법 25

사역동사(have, let, make, help) + 목적어 + 동사원형

사역동사란 노동과 관련된 동사들이다. 이런 동사들은 뒤에 목적어가 나오면 그다음에 목적보어로 동사원형을 취한다. 예전에 영어권에서는 노동을 상당히 중요시했다. 그래서 이런 동사들을 강조하기 위해서는 규칙을 중요시하는 영어에서 뭔가를 틀리게 사용하면 눈에 확 띄게 된다. 문장에서 사역동사를 강조하고 싶어 뭔가를 생략해도 문장 구성에 크게 이상 없다고 생각한 나머지 목적어 다음에 나오는 목적보어에 to를 빼고 동사원형만을 남겨 놓은 것이다. 다음 예문을 보자.

ex Let us know your new address immediately.
당신의 새 주소를 즉시 우리에게 알려주세요.

여기서 let은 사역동사이며 us는 목적어 역할을 한다. 그다음에 know는 목적보어 역할을 하는데, 원래는 to know처럼 써야 할 자리지만 사역동사를 강조하기 위해 영어에서 중요시하는 규칙을 무시하여 to를 생략하고 동사원형 know만 남긴 것이다.

단, 준사역동사인 help가 5형식동사(주어+동사+목적어+목적보어)로 사용될 때는 목적보어자리에 동사원형을 쓰거나 to부정사(to+동사원형)를 쓸 수 있다.

② 5형식 동사

1형식 동사(완전 자동사)

주어와 동사만 가지고도 의미가 완전할 때 이럴 때 동사를 완전 자동사라 한다. 한마디로 말하면 자동사란 목적어를 취하지 않는 동사다.

ex Time flies. 시간이 빠르다.

2형식 동사(불완전 자동사)

2형식 동사는 '주어+동사'만 가지고 의미가 안 통해 보어라는 놈(?)을 필요로 한다. 보어는 문장이 불완전할 때 완전한 문장 구성을 위해 보충해주는 역할을 하는 것을 말한다. 토익에서 'be, become, feel, smell, sound, taste, remain, seem, appear + 형용사보어'의 구조를 묻는 문제가 출제된 적이 있다.

ex Japan's economic growth remained stable in the second quarter of 2016.
일본 경제 성장은 2016년 2/4분기에 안정적으로 유지되었다.

족집게 비법 29

목적어를 취하지 않는 동사를 자동사라 하며 목적어가 나오려면 뒤에 전치사가 필요하다.

ex Mr. Kim is looking for his weekly report.
미스터 김은 그의 주간 보고서를 찾고 있는 중이다.

족집게 비법 31

자동사는 수동태가 될 수가 없다. 동사 중에 look(보다), happen(발생하다), arrive(도착하다), disappear(사라지다), take place(일어나다), look forward to(학수고대하다) 등은 자동사 역할을 하므로 뒤에 목적어가 나오지 않는다. 그러므로 수동태가 될 수가 없다.

족집게 비법 30, 34

3형식 동사(완전 타동사)

전치사 필요 없이 목적어를 취하는 동사를 타동사라 한다. 타동사 다음에 부사가 나오는 경우와 타동사 다음에 전치사가 나오는 경우들을 살펴보자. 관용적으로 사용되기 때문에 통으로 암기해 두자.

자동사처럼 보이는 타동사

discuss	토론하다	regret	후회하다, 유감스럽게 생각을 하다
mention	언급하다, 말하다	exceed	(수/양) 초과하다, 능가하다
join	참가하다, 가입하다	enter	입학하다, 참여하다
answer	응답하다, 대답하다	attend	참여하다, 참석하다 (take part in, participate in)
reach	~에 도달하다	alert	경고하다, 주의하다
disclose	폭로하다	resemble	닮다
approach	접근하다		

타동사 + 부사

fill up	채우다	fill out	기재하다
narrow down	좁히다, 줄이다	give in	제출하다
turn down	거절하다, 거부하다, 줄이다	take over	대신하다, 떠맡다
hand in	제출하다(submit)	turn in	제출하다

타동사 + 부사 + 전치사

make up for	보충하다, 보상하다	put in for	신청하다, 지원하다
keep up with	~와 보조를 맞추자, ~에 뒤지지 않다	stand in for	대신하다
catch up with	~을 따라잡다		

타동사 + 명사

make a decision	결정하다	make an appointment	약속하다
make a reservation	예약하다	make an attempt	시도하다
make a call	전화하다, 전화 걸다		
make an announcement	발표하다	issue an announcement	공표하다, 발표하다
make an effort	노력하다	make a complaint	불평하다
do one's best	최선을 다하다	do one's utmost	최선을 다하다
meet(satisfy) one's needs	요구를 충족시키다	meet one's requirement	요구에 부응하다
place an order	주문하다	place an ad	광고하다

타동사 + 명사 + 전치사

do business with	~와 사업하다	have access to	접근하다
give access to	~에 접근하다	have unlimited access to	~에 무제한으로 접근하다
have an effect on	~에 영향을 주다	have an impact on	~에 영향을 주다
put an emphasis on	강조하다	take advantage of	이용하다, 활용하다
take care of	돌보다, 주의하다	make a contact with	~와 접속하다, ~와 접촉하다

make no provision for	~에 대해서 준비하지 않다	show interest in	~에 관심을 보이다
assume the responsibility for	~에 책임을 지다	acknowledge receipt of	~에 대한 수령을 알리다
keep track of	기록하다		

타동사 A 전치사 B

detach A from B	B로부터 A를 분리하다
ex be detached from	~로부터 분리되다
remove A from B	A를 B에서 제거하다
ex be removed from	~로부터 제거되다
discourage A from B~ing	A로 하여금 B를 못하도록 단념시키다
ex be discouraged from ~ing	~을 못 하도록 방해받다
regard A as B	A를 B로 간주하다
ex be regarded as	~로 간주되다
cite A as B	A를 B로 인용하다
ex be cited as	~로 인용되다
acquaint A with B	A에게 B를 이해시키다, A에게 B를 익숙하게 하다
ex be acquainted with	~에 대해서 익숙해지다
provide A with B	A에게 B를 제공하다
ex be provided with	~을 제공받다
supply A with B	A에게 B를 공급하다
ex be supplied with	~을 공급받다, ~를 제공받다
replace A with B	A를 B로 대체하다
ex be replaced with	~로 대체되다
drape A with B	A를 B로 덮다
ex be draped with	~로 꾸미다
return A to B	A를 B에 반환하다
ex be returned to	~로 반납되다
distribute A to B	A를 B에 배포하다
ex be distributed to	~로 배포되다

attribute A to B	A를 B 탓으로 돌리다
ex be attributed to	~의 탓으로 돌리다
dedicate A to B	A를 B에게 헌납하다
ex be dedicated to	~로 헌납되다
affix A to B	A를 B에 첨부하다
ex be affixed to	~에 첨부되다
convey A to B	A를 B에 전하다
ex be conveyed to	~로 보내지다
submit A to B	A를 B에 보내다(제출하다)
ex be submitted to	~로 보내지다
transfer A to B	A를 B로 옮기다(양도하다)
ex be transferred to	~로 옮겨지다
inform A of B	A에게 B를 알리다
ex be informed of	~을 통보받다
notify A of B	A에게 B를 통지하다
ex be notified of	~에 대해서 통보받다

족집게 비법 32

4형식동사(수여동사)

동사 give(주다), offer(제공하다), win(얻게 하다)등은 '간접 목적어(~에게) + 직접목적어(~을)'같이 두 개의 목적어를 필요로 한다.

ex This new TV program gives us a lot of useful information.
이 새로운 TV 프로그램이 우리에게 많은 유용한 정보를 준다.

특히 주의할 것은 4형식 유사 동사들이 있는데 'explain(설명하다), admit(인정하다), suggest(제안하다), mention(언급하다), introduce(소개하다), say(말하다), confess(고백하다), report(보고하다)' 등이 있다. 이 동사들은 우리말에 간접목적어로 해석되는 명사 앞에 전치사 to가 나와야 한다.

예를 들면 He admitted to me that he was a liar.(그가 거짓말쟁이였다고

그는 내게 인정했다.)처럼 간접목적어처럼 해석되는 me 앞에 전치사 to가 자리를 잡는다.

족집게 비법 33

5형식동사(불완전 타동사)

구조상 '주어 + 동사 + 목적어 + 목적보어'를 취한다. 이런 동사에는 advise(충고하다), enable(가능하게 하다), encourage(장려하다), persuade(설득하다), allow(허락하다), require(요구하다), permit(허가하다) 등이 있는데 보통 '동사 + 목적어 + to + 동사원형'의 구조를 취하며 수동태로 쓰일 때는 'be allowed(required, permitted, advised, encouraged, persuaded, enabled) + to + 동사원형'의 형태로 바뀐다.

ex Mr. Kang asked his secretary to be here on time.
미스터 강은 그의 비서에게 제시간에 여기 오라고 요청했다.

동사 ask 다음에 목적어로 his secretary가 나왔고 목적보어로 to부정사 to be가 나왔다. 이 능동태 문장을 수동태로 바꾸면 His secretary was asked to be here on time (by Mr. Kang.)이 된다.

즉, 5형식 동사들이 수동태로 바뀔 때 어떤 모습을 갖는지 잘 살펴보아야 한다.

족집게 비법 22

출제 빈도수 ★★☆

주어 다음에는 본동사가 나와야 한다.

너무도 쉬운 유형의 문제이지만 아차 하면 틀릴 수도 있으므로 신경을 써야 한다. 문장에서 주어가 보이는데 동사 자리에 빈칸이 나오면 주어와의 관계를 먼저 살펴서 적절한 동사 형태를 답으로 선택해야 한다.

토익 출제 POINT

ex before you ***leave***	접속사(before) + 주격대명사(you) + 자동사(***leave***)
ex They ***conducted*** a survey	주격대명사(they) + 타동사(***conducted***) + 부정관사(a) + 명사(survey)
ex Mr. Kim ***proposed***	주어(Mr. Kim) + 타동사(***proposed***)
ex Kent ***analyzes***	주어(Kent) + 타동사(***analyzes***)

❖ 실전 문제 ❶

Han Travel agency ---------- a package tour including two tickets for the nearby amusement park.

(A) offering (B) is offering
(C) to offer (D) be offered

빈출어휘 package tour 패키지여행 | include 포함하다(contain) | nearby 가까운, 가까이 | amusement park 놀이 공원

❖ 연습 문제 맛보기

Mr. Choi ---------- significantly higher revenue this month in spite of the lengthy economic depression.

(A) anticipates (B) anticipation
(C) anticipate (D) anticipatory

문제풀이 문장의 주어는 Mr. Choi이며 빈칸은 바로 본동사가 들어갈 자리이다. 우선 명사 anticipation과 형용사 anticipatory는 오답이 되며 주어가 단수이므로 동사도 단수가 되어야 하므로 정답은 (A) anticipates가 된다.

빈출어휘 **significantly** 상당하게, 엄청나게 | **revenue** 수익, 이익(benefit) | **in spite of** ~에도 불구하고(despite) | **economic depression** 경기 침체 | **lengthy** 너무 긴, 장황한 | **anticipate** 예상하다, 기대하다 | **anticipation** 예상 | **anticipatory** 예상하는, 기대하는

직독직해 미스터 최는 / 예상한다 / 상당히 더 높은 수익을 / 이번 달에 / 장기화된 경기 침체에도 불구하고

오답처리
(A) anticipates – 주어가 3인칭이므로 동사도 수의일치가 되어야 한다. 정답!
(B) anticipation – 문장에서 주어는 보이지만 동사가 보이지 않는다. 그러므로 명사는 동사자리에 나올 수가 없다.
(C) anticipate – 타동사로 주어가 Mr. Choi처럼 3인칭이므로 동사도 3인칭 동사 anticipates처럼 나와야 한다.
(D) anticipatory – 형용사는 주어 다음 동사 자리에 나올 수가 없다.

❖ 실전 문제 ❷

The fall in the value of the yen ---------- us to import more goods from Japan than before.

(A) enabling (B) to enable
(C) enable (D) has enabled

빈출어휘 fall 폭락(in), 하강, 쇠퇴 | import 수입하다 | goods 상품, 물품 | enable ~에게 가능성을 주다, ~에게 자격을 주다(enable A to B)

족집게 비법 23

출제 빈도수 ★★☆

조동사 다음에는 동사원형 또는 be + 과거분사 구조가 나올 수가 있다.

조동사 다음에 빈칸이 나오는 경우에는 바로 선택지에서 동사 원형을 답으로 찾으면 되는데 뒤에 목적어가 보이는 경우에는 be + 과거분사 형태는 답이 될 수가 없다.

단, 수여동사는 수동태로 바뀌어도 명사(구)가 목적어 자리에 나온다. 이유는 목적어가 두 개 필요한 동사이기 때문이다.

토익 출제 POINT

ex must ***achieve***	조동사(must) + 타동사(***achieve***)
ex must ***be received***	조동사(must) + be동사(***be***) + 과거분사(***received***)

❖ 실전 문제 ❶

The secretary should ---------- all these letters to the new branch office in New York as quickly as possible.

(A) forwards (B) forward
(C) forwarding (D) be forwarded

빈출어휘 forward 진척시키다, 발송하다 | branch office 지점 | as quickly as possible 가능한 빨리

❖ 연습 문제 맛보기

According to the latest business report, Din Corps. will ---------- its staff by 50 percent in the near future.

(A) to reduce (B) reducing
(C) reduce (D) be reduced

문제풀이

조동사 will 다음에 빈칸이 나왔고 목적어에 해당되는 명사상당어구인 its staff가 보였다. 그러므로 조동사 다음에는 동사 원형이 나오므로 to reduce와 reducing은 오답이 되며 동사 원형인 reduce와 수동태인 be reduced가 빈칸에 들어갈 자격이 되는데 바로 목적어인 its staff가 보였기 때문에 수동태인 be reduced는 답이 될 수가 없다. 이유는 수동태일 경우는 목적어가 주어자리로 도치되기 때문이다. 정답은 (C) reduce이다.

빈출어휘

staff 직원, 사원 | **in the near future** 가까운 미래에 | **reduce** 줄이다, 감소시키다, 축소시키다

직독직해

가장 최근 업무보고서에 따르면, 딘 회사는 / 축소할 것이다 / 직원을 / 50% 정도로 / 가까운 미래에

오답처리

(A) to reduce – to부정사는 조동사 다음 본동사자리에 올 수가 없다.

(B) reducing – 현재분사와 동명사를 역할을 하는 reducing은 동사자리에 못 온다.

(C) reduce – 타동사인 reduce는 뒤에 나온 명사구 its staff을 목적어로 취하며 조동사 will 다음에 본동사자리에 들어간다. 정답!

(D) be reduced – 수동태도 조동사 다음에 나올 수가 있지만, 빈칸 다음에 목적어로 its staff이 나왔다. 수여동사 외에는 능동태가 수동태로 바뀔 때는 뒤에 목적어가 나오면 안 된다.

❖ 실전 문제 ❷

PKT's management confirmed that it will not ---------- the labor union's demands anymore.

(A) accept (B) acceptance
(C) accepting (D) accepted

빈출어휘

accept 수락하다, 받아들이다 | acceptance 승인 | management 관리, 경영 | confirm 확증하다, 확실히 하다 | demand 수요, 요구 | labor union 노조

족집게 비법 24

출제 빈도수 ★☆☆

Please는 일종의 명령문으로 주어가 생략된 상태에서 바로 동사원형이 나온다.

아주 쉬운 유형의 문제로 'Please -----'의 구조에서 빈칸에는 동사원형을 답으로 넣어야 한다. 최신 토익에서는 출제 빈도가 아주 낮다.

토익 출제 POINT

ex Please ***forward*** 부사(please) + 타동사(***forward***)

ex Please ***remain*** seated 부사(please) + 불완전자동사(***remain***) + 과거분사(seated)

❖ 실전 문제 ❶

Please ---------- your application form carefully before you submit it to the personnel department.

(A) checking (B) checked

(C) check (D) checks

빈출어휘 application form 지원서, 신청서 | submit 제출하다(turn in), 돌려주다 | personnel department 인사부 | carefully 조심스럽게, 주의 깊게

❖ 연습 문제 맛보기

Please ---------- sure that your seatbelt is securely fastened during the entire flight.

(A) make (B) made
(C) making (D) makes

문제풀이 동사원형을 찾는 문제로 정답은 (A) make이다.

빈출어휘 seatbelt 좌석벨트 | secure 안전한 | securely 확실히, 단단하게 | security 보안

직독직해 꼭 확인하십시오 / 여러분의 안전벨트가 / 단단히 채워졌는지 / 비행 내내

오답처리
(A) make – 동사원형으로 please 다음에 온다. 정답!
(B) made – 과거동사는 please 다음에 못 온다.
(C) making – 현재분사와 동명사 역할 하는 making은 동사자리에 올 수가 없다.
(D) makes – 3인칭 단수 동사는 please 다음에 바로 나올 수가 없다.

❖ 실전 문제 ❷

Please ---------- free to contact us immediately if you have any questions.

(A) feeling (B) felt
(C) feel (D) feels

빈출어휘 feel free to+동사 자유롭게 ~하다 | contact 연락하다, 접촉하다 | immediately 즉시(at once)

족집게 비법 25

출제 빈도수 ★☆☆

사역동사인 have, let, make, help는 목적보어로 동사원형을 갖는다.

사역동사는 목적어 다음에 목적보어자리에 동사 원형을 취할 수가 있다. 보통 '사역동사 + 목적어 + ...'의 구조에서 빈칸에 동사원형을 넣는다.

단, 동사 help는 준사역동사로 목적보어자리에 동사원형 또는 to부정사(to+동사원형)가 나올 수가 있다.

토익 출제 POINT

ex Please let us ***know***	부사(please) + 사역동사(let) + 목적격대명사(us) + 타동사(***know***)
ex help them ***solve***	준사역동사(help) + 목적격대명사(them) + 타동사(***solve***)

❖ 실전 문제 ❶

Please let us ---------- him that the engineers will stay here until the end of this month.

(A) informing (B) inform
(C) informed (D) informs

빈출어휘 inform 알리다, 알아내다 | until the end of this month 이달 말까지

❖ 연습 문제 맛보기

All this arguing isn't going to help him ---------- the election at all.

(A) won (B) wins
(C) win (D) winner

문제풀이 준사역동사로 사용된 동사 help의 목적보어로 to+동사원형 또는 to가 생략된 상태로 동사원형만을 취할 수가 있으므로 **정답은** (C) win이다.

빈출어휘 win the election 선거에서 승리하다 | winner 승리자

직독직해 이 모든 언쟁은 / 전혀 도움을 주지 못할 것이다 / 그가 / 선거에서 승리하는 데

오답처리
(A) won – 과거동사 won은 목적보어자리에 올 수가 없다.
(B) wins – 3인칭동사 wins는 문법상 목적보어자리에 못 온다.
(C) win – **동사원형으로 목적보어자리에 온다. 정답!**
(D) winner – 사람명사 winner는 이 문제에서 목적보어 역할을 못 한다.

❖ 실전 문제 ❷

According to the latest research, this new marketing strategy will surely help us ---------- our tasks effectively and efficiently.

(A) performance (B) perform
(C) performing (D) performed

빈출어휘 according to ~에 따르면 | research 연구 | strategy 전략 | surely 확실하게 | effectively 효과적으로 | efficiently 효율적으로 | performance 공연, 성과, 성능, 수행 | perform 공연하다, 수행하다

족집게 비법 26

출제 빈도수 ★☆☆

조동사 다음에 부사품사가 나오면 그다음에는 동사원형이 나와야 한다.

동사품사 문제는 다른 품사문제들 보다는 쉬운 측에 속하며 출제가 된다고 해도 너무 한정적인 문제들만 나온다.

다시 말해서 조동사 다음에는 동사원형이 나오고 부사는 동사를 앞에서 수식해 준다. 다시 말해서 부사가 없다고 생각하면 조동사 다음에는 바로 동사원형이 자리를 잡는다는 것을 쉽게 알 수가 있다.

토익 출제 POINT

ex must perfectly ***observe*** — 조동사(must) + 부사(perfectly) + 타동사(***observe***)

ex will greatly ***reduce*** — 조동사(will) + 부사(greatly) + 타동사(***reduce***)

❖ 실전 문제 ❶

Park's Lab Computer will greatly ---------- its number of distributors at the end of next month.

(A) reduced (B) reduce
(C) reduction (D) be reduced

빈출어휘 reduce 줄이다, 감소시키다 | reduction 감소, 축소(in) | greatly 상당히, 엄청나게 | distributor 배급자 | at the end of next month 다음 달 말에

❖ 연습 문제 맛보기

All employees must perfectly ---------- a variety of petty regulations and rules of the company.

(A) observed (B) observe
(C) observing (D) observance

문제풀이 부사 perfectly에 수식을 받으며 조동사 must 다음에는 바로 동사원형이 나와야 하므로 **정답은 (B) observe**이다.

빈출어휘 **employee** 근로자, 직원 | **regulation** 규제, 규율, 규칙 | **observe** 지키다, 준수하다, 관찰하다 | **observance** 준수, 의식 | **petty** 사소한 | **perfectly** 완벽하게 | **a variety of** 다양한(various)

직독직해 모든 직원들은 / 완벽하게 지켜야 한다 / 다양한 사소한 규칙들과 규율들을 / 회사의

오답처리
(A) observed – 과거동사와 과거분사 역할을 하는 observed는 조동사 must 다음에 나올 수가 없다.
(B) observe – **타동사로 부사 perfectly에 수식 받으며 조동사 must 다음에 나와야 하므로 정답!**
(C) observing – 현재분사와 동명사 역할을 하는 observing은 조동사 must 다음에 올 수가 없다.
(D) observance – 명사는 부사 perfectly에 수식을 받지 못한다.

❖ 실전 문제 ❷

We provide a lot of locker rooms so that our regular customers can securely ---------- their valuable personal belongings.

(A) be stored (B) storing
(C) storage (D) store

빈출어휘 customer 고객, 손님 | valuable 가치 있는, 귀중한 | a lot of 많은(lots of) | belongings 소유물 | store 보관하다 | storage 보관, 저장고 | personal 개인의, 사적인

족집게 비법 27

출제 빈도수 ★☆☆

요구(ask), 제안(suggest), 충고(advise), 주장(insist), 추천(recommend)/형용사(important, necessary, essential, imperative)+접속사(that) 주어+동사원형의 구조

접속사 that 다음에는 '주어 + should + 동사원형'의 구조에서 조동사 should가 생략된다.

즉, 주절에 suggest(제안하다), recommend(추천하다), advise(충고하다), ask(요청하다) 같은 동사들이나 important(중요한), imperative(필수의, 반드시 ~해야 하는), essential(필요한, 본질적인) 같은 형용사들이 나오면 종속절에는 that 주어 should + 동사원형 구조가 나오는데 여기서 조동사 should는 생략되고 동사원형만 나오기도 한다. 요즘 토익에서는 출제 빈도가 상당히 낮다.

토익 출제 POINT

ex It is important that he ***inform***... 가주어(it) + be동사(is) + 형용사(important) + 종속접속사(that) + 주격대명사(he) + 타동사(***inform***)

❖ 실전 문제 ❶

It's essential that we ---------- a foreign language proficiency test before applying for this job.

(A) passed (B) passing
(C) pass (D) passes

빈출어휘 apply for 지원하다 | a foreign language proficiency test 외국어 유창성 시험

❖ 연습 문제 맛보기

It is important that Mr. Wang ---------- his best to know what his potential customers really want from his store.

(A) did
(B) do
(C) does
(D) had done

문제풀이 형용사 important를 통해서 접속사 that절의 동사는 현재형이 되어야 하므로 정답은 (B) do이다.

빈출어휘 potential customer 잠재고객 | do one's best 최선을 다하다 | important 중요한(significant)

직독직해 중요하다 / 미스터 왕이 / 최선을 다해야 하는 것이 / 알기 위해 / 그의 잠재 고객들이 / 정말 원하는 것이 무엇인지 / 그의 가게로부터

오답처리
(A) did – 과거동사가 나올 자리가 아니다.
(B) do – 동사원형이 나와야 한다. 여기서는 조동사 should가 생략되었다. 정답!
(C) does – 주어가 Mr. Wang이기에 3인칭 동사가 나올 것 같지만 should가 앞에 생략되었기 때문에 조동사 다음에는 주어 인칭에 상관없이 동사원형이 나와야 한다.
(D) had done – 빈칸에는 과거완료 had done이 문법상 부자연스럽다.

❖ 실전 문제 ❷

The board of directors has recommended that the training program ---------- dramatically.

(A) improved
(B) be improved
(C) improvement
(D) improving

빈출어휘 the board of directors 이사회 | recommend 추천하다, 권하다 | dramatically 극적으로, 엄청나게 | improve 개선시키다, 향상시키다 | improvement 개선, 향상

족집게 비법 28

출제 빈도수 ★★★

문장에는 주어와 동사가 있어야 하며 준동사는 본동사 역할을 하지 못 한다.

동사 자리에 빈칸이 나와서 본동사를 찾는 문제가 출제되는데 준동사 역할을 하는 to부정사(to+동사원형), 동명사, 현재분사는 본동사 역할을 하지 못 한다.

보통 선택지에 부정사, 동명사, 분사, 동사, 과거동사가 함께 나오는 경우가 대부분이다. 우선 준동사는 오답으로 처리하고 동사와 과거동사가 동시에 보일 때는 주어와 동사의 수의일치를 확인하고 그리고 동사시제도 알아봐야 한다.

또한, 주어와 동사관계가 능동인지 아니면 수동인지를 파악하는 것도 역시 중요하다.

토익 출제 POINT

ex Mr. Hong ***proposed*** a new approach — 주어(Mr. Hong) + 타동사(***proposed***) + 부정관사(a) + 형용사(new) + 명사(approach)

ex before he ***leaves*** — 접속사(before) + 주격대명사(he) + 자동사(***leaves***)

❖ 실전 문제 ❶

Japanese authorities ----- all of Tokyo's 100 live poultry markets a couple of months ago.

(A) to close (B) closing
(C) was closed (D) closed

빈출어휘 | authorities 당국 | poultry market 가금 시장 | a couple of months ago 두어 달 전에

❖ 연습 문제 맛보기

Mr. Long ---------- the publishing date and replace the article with another after having a conversation with his chief editor.

(A) postponing (B) to postpone
(C) has been postponed (D) had to postpone

문제풀이 문장의 주어는 Mr. Long이며 목적어는 명사구 the publishing date이다. 그러므로 빈칸은 본동사가 들어가야 하므로 준동사인 postponing과 to postpone은 답이 될 수가 없고 타동사로 쓰인 postpone의 목적어가 바로 빈칸 뒤에 나왔기 때문에 현재완료 수동태도 오답이 된다. 정답은 (D) had to postpone이다.

빈출어휘 **postpone** 연기하다, 미루다 | **replace A with B** A를 B로 대체하다 | **have a conversation with** ~와 대화를 하다 | **publishing date** 출판 날짜 | **chief editor** 편집장

직독직해 미스터 롱은 / 연기해야만 했다 / 출판 날짜를 / 그리고 글을 대체해야만 했다 / 다른 것으로 / 대화를 한 후 / 그의 편집장과

오답처리

(A) postponing – 현재분사와 동명사를 역할을 하는 postponing은 본동사자리에 들어갈 수 없다.

(B) to postpone – 준동사인 to부정사는 본동사로서의 역할을 하지 못 한다.

(C) has been postponed – 타동사인 postpone 다음에 목적어로 명사구 the publishing date가 나왔다. 그러므로 has been postponed처럼 현재완료 수동태 구조가 나오면 안 된다. 즉, 동사가 타동사일 때 뒤에 목적어가 보이면 수동태의 구조가 본동사자리에 들어갈 수가 없기 때문이다.

(D) had to postpone – 조동사 역할을 하는 had to 다음에 타동사인 postpone가 나왔다. 타동사 postpone의 목적어로 명사구 the publishing date가 바로 뒤에 보인다. 정답!

❖ 실전 문제 ❷

Our company ---------- a new formula for settling a long-standing trade dispute at the end of last month.

(A) propose (B) proposal
(C) to propose (D) proposed

빈출어휘 **propose** 제안하다 | **proposal** 제안 | **settle** 해결하다 | **long-standing** 오래된 | **trade dispute** 무역 분쟁 | **formula** 타개책, 방책

족집게 비법 29

출제 빈도수 ★★★

자동사는 전치사의 도움을 받아서 타동사구의 역할을 하므로 목적어가 올 수 있다.

자동사란 원래 목적어를 취하지 않는 동사다. 그런데 이 자동사가 전치사의 도움을 받는다면 목적어를 뒤에 취할 수가 있다. 즉, '자동사 + 전치사'를 타동사구라고 한다. 보통 동사 어휘를 고르는 문제에서 선택지에 자동사와 타동사가 동시에 나오는 경우가 많다. 좀 헷갈리는 문제 유형에 속한다.

토익 출제 POINT

- ex ***rely*** on 자동사(***rely***) + 전치사(on) ***focus*** on 자동사(***focus***) + 전치사(on)
- ex ***depend*** on 자동사(***depend***) + 전치사(on) ***look*** for 자동사(***look***) + 전치사(for)
- ex ***look*** over 자동사(***look***) + 전치사(over) ***apply*** for 자동사(***apply***) + 전치사(for)
- ex ***account*** for 자동사(***account***) + 전치사(for) ***react*** to 자동사(***react***) + 전치사(to)
- ex ***comply*** with 자동사(***comply***) + 전치사(with) ***interfere*** with 자동사(***interfere***) + 전치사(with)
- ex ***consist*** of 자동사(***consist***) + 전치사(of) ***refer*** to 자동사(***refer***) + 전치사(to)
- ex ***collaborate*** with 자동사(***collaborate***) + 전치사(with)
- ex ***deal*** with 자동사(***deal***) + 전치사(with) ***respond*** to 자동사(***respond***) + 전치사(to)
- ex ***experiment*** with 자동사(***experiment***)+전치사(with)

❖ 실전 문제 ❶

A prospective employee should send a cover letter and a copy of his resume to ---------- for the position.

(A) apply (B) supply

(C) comply (D) reply

빈출어휘

prospective employee 채용 후보자 | cover letter 자기소개서 | resume 재개하다, 이력서 | apply for ~에 지원하다, 응시하다 | supply A with B A에게 B를 제공하다 | comply with ~을 준수하다, 따르다 | reply to ~에 응답하다, 대답하다

❖ 연습 문제 맛보기

KEP Corp. needs to hire additional professional consultants in order to ---------- promptly to a lot of customer complaints.

(A) answer (B) respond
(C) experiment (D) exceed

문제풀이 자동사로 전치사 to와 함께 사용되며 흐름상 '신속하게 응답하기 위해서'가 되어야 하는데 동사 answer는 타동사이며 자동사인 experiment는 보통 전치사 with 또는 on을 동반한다. 그리고 동사 exceed는 타동사로 사용된다. 그러므로 정답은 (B) respond이다.

빈출어휘 **additional** 추가의, 여분의 | **professional consultant** 전문 상담자 | **in order to+동사** ~하기 위해서 | **respond promptly to** 신속하게 응답하다 | **customer complaint** 고객 불만 | **experiment** 실험하다, 시도하다(on, upon, with) | **exceed** 앞서다, 초과하다

직독직해 KEP 회사는 / 고용해야 한다 / 추가의 전문 상담자들을 / 신속하게 응답하기 위해 / 많은 고객 불만에

오답처리
(A) answer – 타동사로 전치사 to의 도움이 필요하지 않다.
(B) respond – 자동사로 전치사 to의 도움을 받아 '~에 응답하다'가 된다. 정답!
(C) experiment – 자동사로 전치사 on, upon, with의 도움을 받는다. 뜻은 '실험하다', '시도하다'이다.
(D) exceed – 타동사로 '앞서다', '초과하다'의 뜻을 갖는다.

❖ 실전 문제 ❷

The new director from Lang's Lab has just ---------- from Osaka to do business with us.

(A) delayed (B) sent
(C) arrived (D) examined

빈출어휘 **delay** 미루다, 연기하다 | **examine** 조사하다, 살펴보다 | **send** 보내다 | **arrive** 도착하다 | **do business with** ~와 사업을 하다

족집게 비법 30

출제 빈도수 ★★★

타동사란 목적어 역할로 명사(구)가 필요한 동사다.

타동사란 바로 동사 다음에 명사가 붙는 경우로 여기에서 명사는 목적어 역할을 한다. 다시 말해서 '동사 + 명사 = 타동사' 구조를 말하는 것이다. 평소에 타동사 어휘들은 목적어 역할을 하는 명사(구)와 함께 암기해 두는 것이 좋다.

토익 출제 POINT

- ex ***promote*** tourism — 타동사(***promote***) + 명사(tourism)
- ex ***change*** delivery companies — 타동사(***change***) + 명사(delivery) + 명사(companies)
- ex ***specify*** the amount — 타동사(***specify***) + 정관사(the) + 명사(amount)
- ex ***finalized*** his decision — 타동사(***finalized***) + 소유격대명사(his) + 명사(decision)
- ex ***invented*** a new device — 타동사(***invented***) + 부정관사(a) + 형용사(new) + 명사(device)
- ex ***encourage*** good eating habits — 타동사(***encourage***) + 형용사(good) + 명사(eating) + 명사(habits)

❖ 실전 문제 ❶

KE Bank should ---------- responsibility for any damages concerning illegal loans.

(A) access (B) accept
(C) respond (D) contaminate

빈출어휘 responsibility 책임, 책무, 의무 | concerning ~에 대해서(regarding) | illegal 불법적인, 위법의 | loan 대출 | access 접근하다, ~에 다가가다(have access to ~에 접근하다) | contaminate 오염시키다, 더럽히다 | respond 응답하다, 대답하다(to) | accept 인정하다, 받아들이다

❖ 연습 문제 맛보기

Almost all of our workers will need to ---------- their contracts on a yearly basis under the new system.

(A) remodel
(B) reappear
(C) revolve
(D) renew

문제풀이

빈칸자리는 바로 목적어와 문맥상 자연스러운 동사가 들어가야 한다. 동사 reappear은 자동사이므로 목적어로 명사를 취할 수가 없고 해석상 '그들의 계약들을 갱신해야 할 것이다'가 되어야 하므로 정답은 (D) renew이다.

빈출어휘

contract 계약 | **renew** 갱신하다, 새롭게 하다 | **revolve** 회전시키다, 운행하다 | **remodel** 개조하다, 개축하다 | **reappear** 재등장하다, 재발하다 | **on a yearly basis** 매년, 일 년에 한 번씩

직독직해

거의 모든 우리 근로자들은 / 갱신해야 할 것이다 / 그들의 계약들을 / 매년마다 / 새로운 시스템하에서는

오답처리

(A) remodel – '개조하다', '개축하다'로 '그들의 계약을 개조(개축)하다'처럼 말하면 어색하게 들린다.
(B) reappear – '재등장하다' 또는 '재발하다'로 목적어 their contracts와 자연스럽게 연결이 안 된다.
(C) revolve – '회전시키다', '운행하다'라는 뜻으로 글의 흐름상 적합하지 않다.
(D) renew – '갱신하다'라는 뜻으로 뒤에 따르는 목적어 their contracts와 문맥상 자연스럽게 연결된다. 정답!

❖ 실전 문제 ❷

Some Russian subcontractors found it a little difficult to ---------- the complicated requirements of the country.

(A) build
(B) serve
(C) comply
(D) meet

빈출어휘

complicated 복잡한, 까다로운 | requirement 요구, 필요 | meet 만나다, 충족시키다 | serve 섬기다, 근무하다 | comply 따르다, 준수하다(with) | subcontractor 하청업자

족집게 비법 31

출제 빈도수 ★☆☆

자동사는 목적어가 없기 때문에 수동태로 바꿔 사용될 수가 없다.

자동사는 문장 구조상 수동태로 사용될 수가 없다. 수동태가 불가능한 대표적인 자동사에는 take place(발생하다), arrive(도착하다), occur(일어나다)... 등이 있다. 최근 토익 시험에서는 출제 빈도가 아주 낮다.

토익 출제 POINT

ex will ***take place***	조동사(will) + 자동사(***take place***)
ex Several traffic accidents ***occurred***	수량형용사(several) + 명사(traffic) + 명사(accidents) + 자동사(***occurred***)

❖ 실전 문제 ❶

Our weekly meeting already ---------- while you were absent, so you need to get all the printouts from your new secretary.

(A) taking place (B) is taken place
(C) have taken place (D) took place

빈출어휘 take place 일어나다(happen), 발생하다 | be absent (from) 결석하다, 결근하다 | printout 인쇄물 | get A from B A를 B로부터 얻다

CONTENTS 01 02

❖ 연습 문제 맛보기

We would like to announce that our annual meeting will ---------- place at the end of this month.

(A) took (B) be taken
(C) take (D) taking

문제풀이
자동사 역할을 하는 take place(발생하다, 일어나다)는 수동태를 취할 수가 없으므로 조동사 will 다음에는 동사 원형인 take가 들어가야 한다. 선택지 (B) be taken은 수동태 형태이므로 답이 될 수가 없다. 이유는 자동사인 take place는 수동태로 사용될 수가 없기 때문이다. 정답은 (C) take이다.

빈출어휘
announce 공표하다, 발표하다 | annual meeting 연례모임 | take place 발생하다, 일어나다(occur), 열리다(be held) | at the end of this month 이달 말쯤에

직독직해
우리는 / 발표하고 싶습니다 / 우리의 연례모임이 / 열릴 거라고 / 이달 말쯤에

오답처리
(A) took – 조동사 will 다음에는 과거동사가 나올 수가 없다.
(B) be taken – take place는 자동사 역할을 하기 때문에 수동태가 될 수가 없다.
(C) take – 빈칸 뒤에 오는 place와 결합하여 '열리다'라는 뜻을 갖는다. 정답!
(D) taking – 조동사 will 다음에는 동사원형이 나오기 때문에 taking은 오답이 된다.

❖ 실전 문제 ❷

We'll have to ---------- at the long-term benefits of this important summit meeting.

(A) look (B) looking
(C) had looked (D) be looked

빈출어휘
look at ~을 쳐다보다, 바라보다, 관찰하다, 고찰하다 | long-term 장기의, 장기적인 | benefits 혜택, 이익, 이득 | summit meeting 정상회담 | important 중요한(significant)

족집게 비법 32

출제 빈도수 ★☆☆

수여동사 다음에는 간접목적어(~에게)+직접목적어(~을)가 나온다.

우리말에 '~에게(간접목적어) ~을/를(직접목적어)' 구조를 취하는 동사를 수여동사 또는 4형식 동사라 한다.

보통 'pay(지불하다), bring(데려오다), hand(건네주다), give(주다), tell(말하다), lend(빌려주다), show(보여주다), offer(제공하다), make(만들다), buy(사다), win(안겨주다), award(수상하다)' 등이 있다. 특히 토익 시험에서는 'give, offer, win, award' 등이 잘 출제가 된다.

수여동사들은 목적어가 두 개 있기 때문에 수동태(be+과거분사)로 바뀌어도 뒤에 목적어에 해당되는 명사(구)가 나올 수가 있다.

토익 출제 POINT

ex ***won*** him the first prize	수여동사(***won***) + 목적격대명사(him) + 정관사(the) + 서수(first) + 명사(prize)
ex was ***awarded*** the first prize	be동사(was) + 과거분사(***awarded***) + 정관사(the) + 서수(first) + 명사(prize)

❖ 실전 문제 ❶

Please ---------- us your ID card before entering this security building.

(A) introduce (B) show
(C) prohibit (D) confess

빈출어휘 security building 보안 건물 | enter 입장하다, 입력하다 | introduce 소개하다, 도입하다 | confess 고백하다 | prohibit 금하다, 금지하다

❖ 연습 문제 맛보기

It was Mrs. Jay's excellent design for the new cafeteria which ---------- her the first prize.

(A) honored (B) achieved
(C) acquired (D) won

문제풀이 대명사 her는 간접목적어이며 the first prize는 직접목적어에 해당되므로 4형식 동사가 답이 된다. 동사 honor는 '존경하다', '~에게 영예를 주다'로 사용되는데 '(기념으로) 주다'라고 할 때는 'honor A with B'의 구조를 가진다. 문맥상 '그녀에게 일등을 안겨주었다'이므로 여기서 win은 바로 4형식으로 사용되는 동사임을 기억하자. 정답은 (D) won이다.

빈출어휘 **excellent** 훌륭한, 탁월한 | **honor** 존경하다, 수여하다(with) | **achieve** 달성하다, 성취하다 | **win** 안겨주다 | **acquire** 취득하다, 입수하다

직독직해 제이의 훌륭한 디자인이었다 / 새로운 구내식당에 대한 / 그녀에게 일등을 안겨주었던 것은

오답처리
(A) honored – '존경하다', '~에게 영예를 주다'라는 뜻이다. 특히 'A에게 B를 영예로 주다'라고 할 때는 honor A with B의 구조를 갖는다.
(B) achieved – '달성하다', '성취하다'라는 뜻으로 완전타동사(3형식동사)다.
(C) acquired – '취득하다', '입수하다'로 뜻으로 완전타동사(3형식동사)다.
(D) won – 수여동사(4형식동사)로 '안겨주었다'는 뜻이다. 다시 말해서 '그녀에게 일등을 안겨주었다'처럼 문맥이 자연스럽다. 정답!

❖ 실전 문제 ❷

As of next month, KE Bank will not ---------- money to anyone who has not lived in this area for over ten years.

(A) borrow (B) place
(C) share (D) lend

빈출어휘 **as of** ~로부터 시작하여 | **share** 나누다, 분배하다, 공유하다 | **place** 두다, 놓다, 배열하다 | **borrow** 빌리다 | **lend** 빌려주다

족집게 비법 33

출제 빈도수 ★★☆

불완전타동사란 '동사+목적어+목적보어'의 구조를 갖는 동사다.

불완전타동사란 '주어 + 동사 + 목적어 + 목적보어'의 구조를 취하는 동사를 말한다. 이 불완전타동사(5형식 동사)에서 특히 목적보어를 to부정사(to+동사원형)를 취하는 동사가 있다. 예를 들면 'advise(충고하다), allow(허락하다), ask(요청하다), invite(초대하다), cause(초래하다), enable(가능하게 하다), encourage(격려하다), permit(허락하다), require(요구하다), remind(상기시키다), urge(촉구하다), expect(기대하다), intend(의도하다)...'등이 그렇다.

즉, '주어 + 불완전타동사 + 목적어 + 목적보어(to+동사원형)'의 구조를 갖는다. 수동태로 바뀌면 'be asked to..., be expected to..., be allowed to..., be enabled to..., be urged to..., be required to..., be permitted to..., be intended to...'처럼 모습이 변한다.

토익 출제 POINT

ex Mr. Kang was ***appointed*** the manager	주어(Mr. Kang) + be동사(was) + 과거분사(***appointed***) + 정관사(the) + 명사(manager)
ex are ***expected*** to be conducted	be동사(are) + 과거분사(***expected***) + to부정사(to be) + 과거분사(conducted)

❖ 실전 문제 ❶

All employees ---------- to wear their identification cards at all times.

(A) are asked (B) ask

(C) asking (D) is asking

빈출어휘 at all times 항상, 늘 | identification card 신분증 | employee 직원, 사원

❖ 연습 문제 맛보기

They require all the international representatives ---------- in a professional and appropriate manner.

(A) acting
(B) acted
(C) to act
(D) are acting

문제풀이 5형식동사 require의 목적어로 명사구 all of the international representatives가 나왔고 바로 빈칸은 목적보어 역할로 to+동사원형이 들어갈 자리이므로 정답은 (C) to act가 된다.

빈출어휘 **require** 요구하다 | **international representative** 국제 대표자 | **appropriate** 적절한, 적당한 | **professional** 전문적인, 직업상의 | **manner** 방법, 태도, 특징

직독직해 그들은 / 요구한다 / 모든 국제 대표자들이 / 행동하도록 / 전문적이면서 적절인 태도로

오답처리

(A) acting –현재분사인 acting은 목적보어로 to부정사가 나올 자리에 올 수가 없다.

(B) acted – 과거동사인 acted가 목적보어로 to부정사가 나올 자리에 올 수가 없다.

(C) to act – to부정사로 쓰인 to act는 어법상 'require 목적어 to부정사'의 구조를 취하므로 정답!

(D) are acting – 현재진행형으로 나온 are acting은 문법적으로 목적보어자리에 못 온다.

❖ 실전 문제 ❷

Job interviews for graduates are expected to ---------- throughout the campus starting next Monday.

(A) be conducted
(B) conduct
(C) conducted
(D) conducting

빈출어휘 job interview 구직 면접 | graduate 졸업생 | be expected to+동사 ~하도록 예정되어 있다 | throughout 곳곳에, ~동안 죽 | conduct 시행하다, 수행하다

족집게 비법 34

출제 빈도수 ★☆☆

구조상 '타동사+목적어+전치사'를 갖는 동사들이 있다.

보통 '타동사+목적어+전치사'의 구조를 갖는 동사에는 'provide A with B(~에게 ~을 제공하다), replace A with B(~을 ~으로 교체하다), distribute A to B(~을 ~에게 배포하다), inform A of B(~에게 ~을 통보하다)'처럼 다양하다. 이런 유형의 단어들은 관용구처럼 사용되기 때문에 따로 암기해 두는 것이 좋다. 요즘 토익에서는 그다지 출제 빈도가 높지 않은 유형이다.

토익 출제 POINT

ex ***attributed*** the company's success ***to*** 타동사(***attributed***) + 정관사(the) + 명사소유격(company's) + 명사(success) + 전치사(***to***)

ex ***provided*** our employees ***with*** 타동사(***provided***) + 소유격대명사(our) + 명사(employees) + 전치사(***with***)

❖ 실전 문제 ❶

The CEO of Kim's Lab Inc. ---------- the company's success to its new marketing strategy.

(A) distributed (B) dedicated
(C) contributed (D) attributed

빈출어휘 attribute ~에 돌리다, ~탓으로 하다(to) | success 성공, 성취, 좋은 결과 | marketing strategy 마케팅 전략 | distribute 배포하다(to) | dedicate 바치다, 헌납하다(to) | contribute 기여하다, 공헌하다, 기부하다(to)

❖ 연습 문제 맛보기

We're able to ---------- pilots with a lot of information such as the location of an airport and the distance to it.

(A) arrange (B) offer
(C) contribute (D) provide

문제풀이
동사의 기본적인 구조를 알고 있으면 쉽게 답을 찾을 수 있는 유형의 문제로 '~에게 ~를 제공하다'일 때는 'provide A with B'이다. 동사 offer는 'offer+사람명사+사물명사', 'offer+사물명사+to사람명사'의 구조를 갖는다. 동사 contribute(기여하다, 공헌하다)는 'contribute A to B'의 문장 구조를 취한다. 그러므로 해석상 '우리는 조종사들에게 ~에 대한 많은 정보를 제공할 수가 있다'이므로 정답은 (D) provide이다.

빈출어휘
information 정보 | **location** 위치 | **distance** 거리, 간격 | **contribute** 기여하다, 공헌하다(to) | **offer** 제공하다 | **arrange** 마련하다, 배열하다 | **provide** 제공하다

직독직해
우리는 / 제공할 수 있다 / 조종사들에게 / 많은 정보를 / 공항의 위치와 거리 같은

오답처리
(A) arrange – 타동사로 '~을 정돈하다', '~을 배열하다'의 뜻이다. 글의 흐름상 어울리지 못하다.
(B) offer – 4형식동사로 'offer+사람명사+사물명사' 또는 'offer+사물명사+to사람명사' 구조를 갖는다.
(C) contribute – 동사 contribute(기여하다)는 'contribute A to B'의 문장 구조를 취한다.
(D) provide – '제공하다'라는 뜻으로 'provide A with B(A에게 B를 제공하다)'의 구조를 갖는다. 정답!

❖ 실전 문제 ❷

KR Corp. is expected to ---------- all of its employees with various computer training courses this month.

(A) provide (B) regret
(C) convince (D) proceed

빈출어휘
provide 제공하다, 공급하다 | regret 후회하다 | convince 확신하다, 납득시키다 | proceed 진행하다 | as of ~로부터 | be expected to+동사 ~할 예정이다 | various 다양한(a variety of)

족집게 비법 35

출제 빈도수 ★★★

동사품사 문제보다는 동사 어휘 문제가 더 많이 출제되고 있다.

동사는 품사문제보다는 어휘 문제가 더 많이 출제되고 있다. 각 동사들의 쓰임새를 이해하는 것이 정말 중요하다. 평소에 영영사전을 적극적으로 활용하자. 특히 동사 어휘는 '동사+전치사', '동사+명사', '동사+부사'의 관계를 이해하면서 공부해야 한다.

토익 출제 POINT

ex ***welcome*** the opportunity	타동사어휘(***welcome***) + 정관사(the) + 명사(opportunity)
ex ***comply*** with its regulations	자동사어휘(***comply***) + 전치사(with) + 소유격대명사(its) + 명사(regulations)
ex ***conduct*** a survey	타동사어휘(***conduct***) + 부정관사(a) + 명사(survey)
ex ***submit*** requests	타동사어휘(***submit***) + 명사(requests)
ex Mr. Wang ***recommends***	주어(Mr. Wang) + 타동사어휘(***recommends***)
ex ***established*** a program	타동사어휘(***established***) + 부정관사(a) + 명사(program)

❖ 실전 문제 ❶

All our regular customers have ---------- that we stock a wider range of local produce.

(A) requested (B) appointed
(C) increased (D) enrolled

빈출어휘 stock 비축하다, 구입하다 | a range of ~의 범위 | produce 농산물, 생산하다 | request 요구하다, 요청하다(ask) | regular customer 단골손님 | appoint 입명하다 | enroll 등록하다(in), 입학시키다

❖ 연습 문제 맛보기

It is very important to ---------- up for the shortage of Russian workers with those who are fluent in the Russian language.

(A) tend (B) make
(C) pour (D) drip

문제풀이 글의 흐름상 '러시안 노동자들의 부족을 러시아어가 유창한 사람들로 보충하는 것이 매우 중요하다.'가 자연스러우므로 빈칸에는 동사 make가 들어가야 하므로 정답은 (B) make이다.

빈출어휘 **tend** ~하는 경향이 있다 | **important** 중요한(significant) | **shortage** 부족, 결핍 | **fluent** 유창한 | **pour** 따르다, 붓다 | **drip** 흠뻑 젖다, 똑똑 떨어지다

직독직해 매우 중요하다 / 보충하는 것이 / 러시안 노동자들의 부족함을 / 러시아어 유창한 사람들로

오답처리
(A) tend – '~하는 경향이 있다'로 문맥상 자연스럽지 못하다.
(B) make – 숙어로 make up for는 '보충하다'라는 뜻이다. 정답!
(C) pour – '따르다', '붓다'로 글의 흐름상 자연스럽지 못하다.
(D) drip – '똑똑 떨어지다', '흠뻑 젖다'는 뜻으로 목적어로 나온 the shortage와 글의 흐름상 자연스럽지 못하다.

❖ 실전 문제 ❷

Investors from Hong Kong would ---------- the opportunity to learn more about this small company.

(A) admire (B) collect
(C) welcome (D) appraise

빈출어휘 investor 투자가, 수여자 | welcome the opportunity 기회를 환영하다(기꺼이 받아들이다) | admire 칭찬하다, 감탄하다 | collect 수집하다, 모으다 | appraise 인식하다, 평가하다

CONTENTS

토익 시험에서 매달 출제되는 문법!

UNIT 05

접속사/전치사/접속부사란?

족집게 비법 36

부사절 접속사 although, even though와 전치사(구) despite, in spite of의 차이점

족집게 비법 37

부사절 접속사 역할을 하는 because와 전치사구 역할을 하는 because of의 차이점

족집게 비법 38

부사절 접속사 in case와 전치사구 in case of의 차이점

족집게 비법 39

부사절 접속사 unless(if not)와 if의 차이점

족집게 비법 40

상관접속사

족집게 비법 41

문맥상 적절한 등위접속사를 선택한다

족집게 비법 42

적절한 접속사나 전치사를 찾는 문제

족집게 비법 43

접속사 'before, when, after, while, by the time, until, since, as long as'중에서 문맥 흐름에 따라서 적절한 접속사를 선택한다

족집게 비법 44

구조상 '명사+전치사, 형용사+전치사, 동사+전치사'가 있다

UNIT 05

접속사/전치사/접속부사란?

토익에서는 접속사, 전치사, 접속부사의 역할을 묻는 문제가 자주 출제된다. 특히 전치사는 예전처럼 단순하게 관용구처럼 함께 사용하는 전치사보다는 문장 흐름을 통해서 의미가 적절한 전치사를 고르는 문제가 매달 출제된다. 평균적으로 3~4문제 정도 출제되고 있다.

전치사 문제는 쉬운 유형일 것 같지만 그렇지는 않다. 그리고 선택지에 접속사, 전치사 그리고 부사가 함께 나오는 경우가 종종 있다. 다시 말해서 전치사 자리에 빈칸이 나와 선택지에서 전치사 역할을 하는 보기를 답으로 고르는 문제와 문맥상 적절한 전치사 어휘를 고르는 문제가 매달 출제되고 있다.

예전에는 접속부사 문제가 자주 출제되었는데 요즘은 그 빈도수가 아주 적다. 하지만 접속부사의 역할을 이번 기회에 익혀두는 것이 중요하다.

① 접속사

접속사의 의미

접속사는 절(주어+동사)과 절을 연결해주는 다리 역할을 한다. 특히 '----- 주어+동사, 주어+동사' 구조에서 의미상 자연스러운 종속접속사 묻는 문제가 종종 출제된다. 종속접속사란 한마디로 문장 내에서 중심을 이루는 주절에 딸린(종속된) 절을 말한다. 토익에서는 부사절을 이끄는 종속접속사를 찾는 문제가 매달 출제된다.

족집게 비법 36, 37, 38, 39

종속접속사

종속접속사에는 명사절 접속사, 형용사절 접속사(관계대명사, 관계부사) 그리고 부사절 접속사가 있다. 특히 부사절 접속사에서 'although(비록 ~이지만), before(~하기 전에), when(~할 때), because(~하기 때문에), since(~한 이후로), if(만약 ~한다면), unless(~하지 않는다면), as soon as(~하자마자)' 등이 있다. 잘 출제된다.

ex Although his train was a little delayed, he made it to his important business meeting on time.
비록 그의 기차가 좀 연착되었지만, 그는 제때에 그의 중요한 사업 모임에 참석할 수가 있었다.

여기서 although는 '비록 ~이지만'의 뜻을 갖는다. 즉, 부사절을 이끄는 종속접속사이다. 토익 시험에서 잘 나오는 접속사임을 기억하자.

족집게 비법 41

등위접속사

등위접속사에는 'and(그리고), but(그러나), for(왜냐하면), so(그래서)' 등이 있는데 문장에서 단어-단어, 구-구, 절-절을 연결하여 중문을 만드는데 등위접속사로 연결되는 문장 앞과 뒤의 내용은 병렬구조가 되어야 한다.

ex Mike doesn't like this new marketing strategy, but we love it.
마이크는 이 새로운 마케팅 전략을 좋아하진 않지만, 우린 정말 마음에 든다.

등위접속사 but(그러나)은 앞에 나온 절의 구조 '주어(Mike)+동사(doesn't like)'와 뒤에 나온 절의 구조 '주어(we)+동사(love)'를 연결해주는 다리 역할을 한다.

족집게 비법 40

상관접속사

혼자서는 접속사 역할을 하지 못하며 연결고리가 있어야 비로써 접속사로서의 기능을 가지게 된다. 상관 접속사 문제는 너무 쉬운 유형에 속한다.

요즘 토익 시험에서는 거의 출제가 되지 않고 있는 추세다. 한 덩어리처럼 익혀두면 좋다.

both A and B	A와 B 둘 다	A and B alike	A와 B 둘 다
either A or B	A 또는 B 둘 중에 하나	neither A nor B	A도 B도 둘 다 아닌
not only A but also B	A뿐만 아니라 B도 역시	B as well as A	B뿐만 아니라 A도 역시
not A but B	A가 아니라 B다	between A and B	A와 B 사이에
so 형용사/부사 that	너무...해서 ~하다	such 명사/형용사 +불가산명사 that	너무...해서~하다

족집게 비법 42, 44

② 전치사

전치사는 우리말에 조사에 해당된다. 다시 말해서 우린 명사 다음에 조사가 붙지만, 영어는 이와 정반대로 명사 앞에 나온다.

예를 들어 '아침에', '저녁으로', '그녀와'처럼 '아침' 다음에 조사 '에' 나왔고 '저녁' 다음에 '으로'가 조사 역할을 한다. 이처럼 우리말은 명사 다음에 조사가 바로 따르지만 영어에서는 전치사(preposition)는 '앞에(pre)+위치하다(position)'처럼 명사 바로 앞에 나오게 되어있다. 요즘 토익 시험에서는 전치사 문제가 매달 출제되고 있다.

그런데 관용적으로 사용되는 전치사보다는 글의 흐름을 통해서 적절한 의미의 전치사를 고르는 문제가 자주 출제되고 있다. 예전처럼 쉬운 유형은 아니다. 그 많은 전치사를 다 학습하기란 쉽지는 않다. 토익 시험에서 정답으로 자주 등장했던 전치사들을 살펴보자.

during peak hours	피크시간 동안에	within five days	5일 이내로
be returned within 30 days	30일 이내로 반납되다	be within an hour's drive	한 시간 운전 거리에 있다
by the end of the week	주말까지	by working with	~와 일을 함께함으로써
print out the total list	총 목록을 인쇄하다	from A to B	A부터 B까지
among its staff members	직원들 사이에서	among local school children	지역 학교 학생들 사이에서
throughout the region	지역 곳곳에	throughout the world	전 세계 곳곳에
throughout the day	하루 종일	throughout the year	일 년 내내
throughout the area	전 지역에 걸쳐서	as proof of purchase	구매 증거로써
a meeting with client	고객과의 만남	be enclosed with	~와 함께 동봉되다
on arrival	도착하자마자	along the coast	해안을 따라
a solution to	~에 대한 해결책	for over ten years	10년 넘게
for the remainder of the month	그달의 나머지 기간 동안	be sent to the wrong address	잘못된 주소로 보내졌다
commit oneself to	~에 전념하다	since 1980	1980년 이래로
throughout the country	전국을 통해서	return to work before	~전까지 직장에 복귀하다
should end before 5 P.M.	오후 5시 전에 끝나야 한다	as the director of the sales division	영업부의 이사로서
last until early August	8월 초까지 지속되다	without no exceptions	예외 없이

obtain information about	~에 대한 정보를 얻다	place an order without consulting	상담 없이 주문하다
place an order before October 2nd	10월 2일 전에 주문하다	near the reception desk	안내데스크 근처에
toward the end of the month	월말경에	make your dream of buying	구입하려는 당신 꿈
your dream of owing a home	집을 소유하려는 꿈	be used for the establishment	설립을 위해 사용되다
be used for renovation	쇄신을 위해 사용되다	following the completion	완성 후에
travel through the city	도시를 두루 다니다	a track through the mountains	산들을 가로지르는 트랙
except for	제외하고는	before consulting	상담하기 전에
be located near the office	사무실 근처에 위치하다	until further notice	추후 통지가 있을 때까지

이처럼 전치사는 정말 다양하다. 그만큼 쓰임새도 다양하다는 뜻이다. 전치사와 관련된 문제는 전치사 자리문제와 전치사 어휘문제로 이루어졌다. 전치사 자리문제는 선택지에서 전치사 역할을 하는 보기를 고르는 문제이며 전치사 어휘문제는 문장 흐름을 통해서 자연스럽게 연결되는 전치사를 고르는 문제다.

그 외에 꼭 기억해야 할 전치사들의 역할을 알아보자. 쉬운 유형이지만 쉬운 문제일수록 신경을 써서 오답을 고르지 않도록 노력해야 한다.

by	동작의 완료를 의미한다.	동사 finish 또는 complete와 함께 사용될 수가 있다.
until	동작 또는 상태의 지속을 의미한다.	동사 stay, last, wait, continue, remain과 함께 사용될 수가 있다.
for	for+숫자+현재완료 시제가 온다.	
Since	since+과거시점+현재완료 시제가 온다.	
for	주로 숫자와 함께 사용된다.	ex for 10 years(10년 동안), for decades(수십 년 동안) 등이 있다.
during	주로 특정 기간을 나타내며 명사와 함께 쓰인다.	ex during the summer(여름 동안에)처럼 표현할 수 있다.
between	둘 사이의 관계	between A and B(A와 B 사이에)
among	셋 이상의 관계	보통 among 다음에는 복수명사가 나온다.

족집게 비법 36, 37, 38, 39, 42, 43, 44

③ 부사절 접속사와 전치사(구) 차이

부사절 접속사는 절(주어+동사)의 구조를 취하며 전치사(preposition)는 바로 명사 앞에 나온다. 다시 말해서 전치사(구)는 절의 구조를 갖지 못하며 구의 구조를 갖는다.

전치사(구)	의미	부사절 접속사
despite	~에도 불구하고	although
in spite of	~에도 불구하고	even though
because of	~때문에	because
owing to	~때문에, 이후로	since
during	~동안에, 반면에	while
without	~이 아니라면	unless
according to	~에 따라서	according as
in case of	만약~면 / ~인 경우에	if / in case
except for	~을 제외하면	except that

전치사구) The opening of the new art gallery will be a little delayed because of bad weather.
굳은 날씨 때문에 새로운 미술관의 개장은 조금 연기될 것이다.

부사절 접속사) We were very pleased because this event was successful.
이 행사가 성공적이었기 때문에 우리는 매우 기뻤다.

위에 나온 것처럼 같은 의미이지만 전치사(구)나 접속사로 사용된다. 쓰임새가 서로 다르다. 그 외에 접속사와 전치사(구)들을 살펴보자.

except that	접속사 역할을 하므로 뒤에 절(주어+동사)의 구조가 나온다.
aside from	'~은 별도로 하고'의 의미로 전치사 역할을 하므로 뒤에 구가 온다.

ex Aside from news and some Korean dramas, we hardly watch any television.
뉴스와 한국 드라마 몇 작품 외에, 우린 거의 TV를 시청하지 않는다.

barring	전치사로 '~이 없다면', '~이 아니라면'의 의미로 가정의 조건을 나타낸다.
except	전치사로 '~을 제외하면'의 의미를 가진다. 단 두 전치사의 의미 차이는 문맥을 통해서 찾아야 한다.

so **형용사&부사** that	주로 부사나 형용사가 들어간다.
such **명사** that	명사가 들어가며 가끔은 '형용사+불가산명사'가 나오는 경우가 있다.
in order that	접속사로 뒤에 절의 구조를 취한다.
in order to	바로 뒤에 동사 원형이 온다.

ex Mr. Wang has to work hard in order to get promoted.
미스터 왕은 승진하기 위해서 열심히 일을 해야 한다.

according to	전치사로 뒤에 구의 구조가 나오며 뜻은 '~에 따라서'이다.
now that	접속사로 '~이니깐'의 뜻이다. 의미는 because와 유사하다.
no sooner A than B	A(과거완료) 하자마자 B(과거) 하다

ex No sooner had he completed his assignment than his immediate supervisor called him.
그가 그의 업무를 끝내자마자 그의 직속 상관이 그에게 전화했다.

④ 접속부사

두 문장을 연결해 주는 접속사 기능과 부사의 기능을 동시에 가지고 있으며 보통 콤마와 함께 쓰인다.

접속부사 종류에는 'besides(게다가), furthermore(더욱이), therefore(따라서), nevertheless(그럼에도 불구하고), however(그러나), otherwise(그렇지 않으면)' 등이 있으며 보통 문장과 문장 중간에 나와서 콤마(,)와 함께 쓰여 두 문장을 연결해 주는 다리 역할을 한다. 다시 말해서 접속사 기능과 부사 기능을 동시에 한다.

주의할 점은 두 절을 단독으로 연결하는 기능을 못하므로 다음과 같이 '주어+동사(절의 구조). -----, 주어+동사(절의 구조)', '주어+동사; -----, 주어+동사'의 구조를 취한다.

결론적으로 말하면 뒤에 나온 문장을 전체 수식해 주는 부사 역할과 앞에 나온 절과 뒤에 나온 절을 연결해주는 접속사 역할을 동시에 하는 게 바로 접속부사다. 접속부사는 기본적인 의미만 익혀두자. 왜냐면 최신 토익에서는 전치사 문제와 접속사 문제가 접속부사 문제 보다는 더많이 출제되고 있기 때문이다.

ex Marketing is important. Therefore, we need to hire additional workers.
Marketing is important; therefore, we need to hire additional workers.
마케팅은 중요하다. 따라서, 우리는 추가 인력을 채용해야 한다.

족집게 비법 36

출제 빈도수 ★★★

부사절 접속사 although, even though와 전치사(구) despite, in spite of의 차이점

부사절 접속사 although, even though와 전치사 despite, in spite of의 차이를 구별하자. 접속사 although는 뒤에 절(주어+동사)의 구조를 취하며 전치사 despite 또는 in spite of는 뒤에 구의 구조를 취한다. 토익 시험에서는 종종 양보의 뜻을 지닌 부사절 접속사 although를 정답으로 고르는 문제가 출제된다.

토익 출제 POINT

ex ***Although*** the weather forecast indicates
부사절 접속사(***although***) + 정관사(the) + 명사(weather) + 명사(forecast) + 타동사(indicates)

ex ***Although*** her flight is delayed
부사절 접속사(***although***) + 소유격대명사(her) + 명사(flight) + be동사(is) + 과거분사(delayed)

ex ***Even though*** this product is inexpensive 부사절 접속사(***even though***) + 지시형용사(this) + 명사(product) + be동사(is) + 형용사(inexpensive)

ex ***In spite of*** unexpected technical complications
전치사구(***in spite of***) + 분사형용사(unexpected) + 형용사(technical) + 명사(complications)

ex ***Despite*** inclement weather 전치사(***despite***) + 형용사(inclement) + 명사(weather)

❖ 실전 문제 ❶

---------- this annual meeting is expected to address a lot of economic problems, the unemployment issue will not be dealt with.

(A) Even though (B) In spite of
(C) According to (D) Due to

빈출어휘 address 연설하다, 전하다, 처리하다 | mention 언급하다, 말하다 | economic 경제의, 재정의 | unemployment issue 실업 문제 | deal with 다루다, 처리하다(handle)

❖ 연습 문제 맛보기

The price increase will certainly be unpopular ---------- it's unlikely to reduce demand.

(A) despite (B) although
(C) owing to (D) about

문제풀이

절과 절을 연결하기 위해서는 접속사의 도움이 필요한데 부사절을 이끄는 접속사 although만이 접속사 역할을 하므로 **정답은** (B) although이다. 선택지에 나온 owing to는 전치사구이며 despite는 바로 전치사 역할을 한다.

빈출어휘

despite ~에도 불구하고(in spite of) | **owing to** ~한 이유로(because of) | **certainly** 확실히, 틀림없이 | **be unlikely to+동사** ~할 것 같지 않다 | **demand** 수요, 요구 | **unpopular** 인기가 없는 | **price increase** 가격 상승

직독직해

가격 상승은 / 확실히 인기를 얻지 못할 것이다 / 비록 줄이지 못할 것 같지만 / 수요를

오답처리

(A) despite – 전치사로 뒤에 절의 구조를 취할 수가 없다.
(B) although – **양보의 뜻을 갖는 부사절 접속사로 글의 흐름상 자연스럽게 두 문장을 연결해준다. 정답!**
(C) owing to – 전치사구로 '~때문에'가 된다. 전치사구는 절의 구조를 연결 못 한다.
(D) about – 전치사로 절의 구조를 연결 못 한다.

❖ 실전 문제 ❷

---------- their high price, demand for these computers is still high throughout the country.

(A) Although (B) Because
(C) Despite (D) Only if

빈출어휘

despite ~에도 불구하고(in spite of) | **only if** ~할 경우에만 | **demand** 수요, 요구 | **throughout the country** 전국을 통해

족집게 비법 37

출제 빈도수 ★★★

부사절 접속사 역할을 하는 because와 전치사구 역할을 하는 because of의 차이점

부사절을 이끄는 because는 접속사로 반드시 뒤에 절(주어 + 동사)이 오지만 (since, as, now that) 전치사구 역할을 하는 because of(owing to, due to) 다음에는 구가 온다.

토익 출제 POINT

ex ***Because*** the weather conditions are favorable

부사절 접속사(***because***) + 정관사(the) + 명사(weather) + 명사(conditions) + be동사(are) + 형용사(favorable)

ex ***Because*** the construction work is finished

부사절 접속사(***because***) + 정관사(the) + 명사(construction) + 명사(work) + be동사(is) + 과거분사(finished)

ex ***because of*** a power failure 전치사구(***because of***) + 부정관사(a) + 명사(power) + 명사(failure)

ex ***because of*** emergency repairs 전치사구(***because of***) + 명사(emergency) + 명사(repairs)

❖ 실전 문제 ❶

Hong Kong represents a significantly important market ---------- it serves as a gateway to Europe.

(A) unless (B) because
(C) in spite of (D) due to

빈출어휘 represent 대표하다, 대변하다 | significantly 중대하게, 중요하게 | important 중요한, 주요한 | serve 역할을 하다, ~에 봉사하다 | gateway 출입구, 통로 | due to ~때문에 | in spite of ~에도 불구하고(despite)

❖ 연습 문제 맛보기

---------- his lack of experience, Mr. Wang is not qualified to apply for this managerial position.

(A) Because (B) Although
(C) Because of (D) Unless

문제풀이 구의 구조인 his lack of experience를 취할 수 있는 것은 전치사구이므로 **정답은 (C) Because of**이다.

빈출어휘 experience 경험 | lack of ~의 부족, ~의 결핍 | be qualified 자격이 있다 | apply for 지원하다 | managerial position 관리직

직독직해 그의 경험 부족 때문에 / 미스터 왕은 / 자격이 안 된다 / 지원할 수 있는 / 이 관리직에

오답처리
(A) Because – 부사절을 이끄는 접속사로 빈칸 뒤에 나온 구의 구조를 취할 수가 없다.
(B) Although – 부사절 접속사로 뒤에 '주어+동사'의 절의 구조가 나와야 한다.
(C) Because of – **전치사구로 '~때문에'의 뜻을 갖는다. '그의 경험 부족 때문에'가 되어야 글의 흐름이 자연스럽다. 정답!**
(D) Unless – 부사절을 이끄는 종속접속사로 빈칸 뒤에는 '주어+동사'의 절의 구조가 나온다.

❖ 실전 문제 ❷

---------- the new system that was adopted last week was considered cost-effective, DNP Corp. decided to keep using it until the end of this year.

(A) However (B) Because
(C) Because of (D) In spite of

빈출어휘 adopt 채용되다, 채택되다 | cost-effective 효과적인 비용 | in spite of ~에도 불구하고 | because of ~한 이유로

족집게 비법 38

출제 빈도수 ★☆☆

부사절 접속사 in case와 전치사구 in case of의 차이점

부사절 접속사인 in case와 전치사구인 in case of의 차이를 구별하자.

접속사로 사용된 in case는 '~이 일어날 경우를 대비하여'의 뜻으로 사용되는데 in case는 접속사 역할을 하며 바로 뒤에 '주어 + 동사'처럼 절의 구조가 나와야 한다.

이와 반대로 in case of는 전치사구 역할을 한다. 뜻은 '만약에 ~이 일어난다면'으로 절의 구조가 아닌 구의 구조가 뒤에 나온다.

토익 출제 POINT

ex ***in case of*** emergency 전치사구(***in case of***) + 명사(emergency)

❖ 실전 문제 ❶

---------- an emergency, please go straight to the exit located at the back of the hall.

(A) In case of (B) In case
(C) Unless (D) Even though

빈출어휘 in case of ~할 경우에 | in case ~한 경우에 | even though 비록 ~이지만 (although) | go straight to ~로 곧장 가다

❖ 연습 문제 맛보기

Our consultants are available at all times ---------- our customers need any help to find solutions to their emergency financial problems.

(A) in case of (B) because of
(C) unless (D) in case

문제풀이 절과 절의 연결고리 역할을 하는 접속사가 필요한 자리이다. 접속사 unless(if not)는 글의 흐름상 적절하지 못 하다. 문맥상 '우리 고객들이 어떤 도움이라도 필요한 경우를 대비하여'가 되어야 하므로 정답은 (D) in case이다.

빈출어휘 **in case of** 만약에 ~이 일어난다면 | **consultant** 상담역, 컨설턴트 | **because of** ~한 이유로 | **in case** ~이 일어날 경우를 대비하여 | **available** 응할 수 있는, 이용할 수 있는 | **at all times** 항상, 언제나, 늘 | **customer** 고객 | **solution** 해결책(to) | **emergency** 긴급한, 비상용의 | **financial** 재무상의, 금융상의

직독직해 우리 컨설턴트들은 / 응할 수 있습니다 / 항상 / 우리 고객들이 / 어떤 도움이라도 필요한 경우를 대비하여 / 해결책들을 찾는데 / 그들의 긴급한 재무상의 문제들에 대한

오답처리
(A) in case of – 전치사구로 절의 구조가 뒤에 나올 수가 없다.
(B) because of – 전치사구로 절의 구조가 뒤에 못 온다.
(C) unless – 부사절 접속사로 '~하지 않는다면'의 뜻이다. 절의 구조를 취할 수는 있지만, 해석상 어울리지 않는다.
(D) in case – 부사절 접속사로 '~이 일어날 경우를 대비하여'라는 뜻이다. '우리 고객들이 어떤 도움이라도 필요한 경우를 대비하여'처럼 자연스럽게 연결된다. 정답!

❖ 실전 문제 ❷

Please take your raincoat or umbrella with you ---------- it rains heavily outside today.

(A) in case of (B) unless
(C) in case (D) as a result of

빈출어휘 **in case of** ~할 경우에 | **in case** ~한 경우에 | **raincoat** 우비 | **heavily** 심하게, 몹시, 무겁게 | **as a result of** ~의 결과로

족집게 비법 39

출제 빈도수 ★★☆

부사절 접속사 unless(if not)와 if의 차이점

둘 다 접속사 역할을 하는데 접속사 unless는 '만약 ~하지 않으면'의 뜻으로 사용된다. 접속사 if는 '만약 ~이라면'의 뜻으로 'provided that, providing that'의 의미와 같고 접속사 unless는 '만약 ~하지 않는다면'으로 'if ~not'의 뜻을 지닌다.

토익 출제 POINT

ex ***only if*** accompanied by 부사절 접속사(***only if***) + 과거분사(accompanied) + 전치사(by)

ex ***only if*** it is received 부사절 접속사(***only if***) + 주어(it) + be동사(is) + 과거분사(received)

ex ***If*** you're buying a house 부사절 접속사(***if***) + 주격대명사(you) + be동사(are) + 현재분사(buying) + 부정관사(a) + 명사(house)

ex ***unless*** written permission is given

부사절 접속사(***unless***) + 분사형용사(written) + 명사(permission) + be동사(is) + 과거분사(given)

ex ***unless*** his manager requires

부사절 접속사(***unless***) + 소유격대명사(his) + 명사(manager) + 타동사(requires)

❖ 실전 문제 ❶

---------- something drastic is done, the Japanese economy will collapse in the near future.

(A) Also (B) Except for
(C) Unless (D) Therefore

빈출어휘 collapse 붕괴하다 | economy 경기, 경제 | except for ~을 제외하고는 | unless 만약 ~하지 않으면(if not) | drastic 극적인, 과감한 | in the near future 가까운 미래에

CONTENTS 01 02

❖ 연습 문제 맛보기

---------- the government agrees to give additional money, this museum will eventually have to close.

(A) Unless (B) If
(C) Because of (D) In case of

문제풀이 두 개의 절을 연결해 주는 접속사자리로 전치사구인 because of와 in case of는 우선 오답이 된다. 문맥상 '정부가 추가 자금을 지급하기로 동의하지 않으면'이 되므로 정답은 (A) Unless이다.

빈출어휘 government 정부 | additional 추가의, 여분의(extra) | museum 박물관 | eventually 결국에는 | in case of ~할 경우에 | because of ~한 이유로

직독직해 정부가 / 동의하지 않으면 / 추가 자금을 지급하기로 / 이 박물관은 / 결국에는 문을 닫아야 할 것이다

오답처리
(A) Unless – 부사절을 이끄는 종속접속사로 '만약 ~하지 않는다면'의 뜻이다. 해석상 '정부가 추가 자금을 지급하기로 동의 하지 않는다면'이 되어야 하므로 정답!
(B) If – 부사절을 이끄는 접속사로 절의 구조를 취하지만 여기서는 문맥상 매끄럽지가 않다.
(C) Because of – 전치사구로 절의 구조를 취할 수가 없다.
(D) In case of – 전치사구로 절의 구조가 바로 뒤에 못 나온다.

❖ 실전 문제 ❷

Children under the age of 8 are not permitted to watch this movie ---------- accompanied by an adult.

(A) but (B) otherwise
(C) without (D) unless

빈출어휘 be permitted to do ~하도록 허락되다 | accompany 동행하다, 수반하다 | without ~없이 | unless ~하지 않은 한 | otherwise 그렇지 않으면

족집게 비법 40

출제 빈도수 ★☆☆

상관접속사!

단독으로는 접속사 역할을 못해 연결고리가 함께 있어야 한다. 최신 토익에서는 잘 출제되지 않는 접속사가 바로 상관접속사다. 과거 구토익에서는 매달 출제되었는데 최근 토익에서는 출제 빈도가 상당히 낮다. 상관접속사는 빈칸의 앞뒤를 통해서 답의 단서를 찾을 수가 있다.

토익 출제 POINT

ex ***either*** fax ***or*** mail 상관접속사(***either***) + 명사(fax) + 상관접속사(***or***) + 명사(mail)

ex ***not only*** the salary ***but also*** the distance

상관접속사(***not only***) + 정관사(the) + 명사(salary)
+ 상관접속사(***but also***) + 정관사(the) + 명사(distance)

ex by ***both*** phone ***and*** Internet 전치사(by) + 상관접속사(***both***) + 명사(phone)
+ 상관접속사(***and***) + 명사(Internet)

❖ 실전 문제 ❶

Jenny is neither optimistic ---------- pessimistic but she believes that everything will be fine in the future.

(A) nor (B) but
(C) so (D) yet

빈출어휘 neither A nor B A도 B도 둘 다 아닌 | optimistic 낙관적인 | pessimistic 비관적인, 염세적인 | in the future 미래에

❖ 연습 문제 맛보기

---------- Mike and his co-workers have proved to be competent to deal with their new project effectively and efficiently.

(A) Then (B) Both
(C) Either (D) Neither

문제풀이 상관접속사 문제는 최신 토익에서는 잘 출제되지 않고 있다. 빈칸은 and와 함께 사용되는 both가 들어가야 하므로 정답은 (B) Both이다.

빈출어휘 **both A and B** A와 B 둘 다 | **competent** 적당한, 유능한 | **deal with** 다루다, 취급하다(handle) | **co-worker** 직장동료 | **effectively** 효과적으로 | **efficiently** 효율적으로

직독직해 마이크와 그의 직장동료들은 / 판명되었다 / 유능하다고 / 처리할 수 있을 만큼 / 그들의 새로운 프로젝트를 / 효과적이면서 효율적으로

오답처리
(A) Then – 부사인 then은 상관접속사 역할을 못 한다.
(B) Both – 상관접속사 both는 and와 함께 사용된다. 정답!
(C) Either – either는 or과 함께 사용되어 상관접속사 역할을 한다.
(D) Neither – neither는 nor과 함께 사용되어 상관접속사 역할을 한다.

❖ 실전 문제 ❷

We're planning to travel around the country ---------- by taxi or by bus to enjoy its beautiful scenery.

(A) neither (B) either
(C) both (D) not only

빈출어휘 be planning to+동사 ~할 계획이다 | travel around ~주위를 여행하다 | scenery 경치, 풍경 | either A or B A 또는 B

족집게 비법 41

출제 빈도수 ★☆☆

문맥상 적절한 등위접속사를 선택한다.

등위접속사 문제는 글의 전반적인 흐름을 통해서 빈칸에 적합한 접속사를 넣어야 하는 유형으로 출제되고 있다. 등위접속사로 연결되는 문장 앞과 뒤는 구조상 병렬이 되어야 한다. 최근 토익에서는 출제 빈도가 아주 낮다.

And	단어, 구, 절 등을 상호 연결해 주며 between A and B, both A and B의 구조도 갖는다.
But	상호 대조되는 문장을 연결해 준다. 보통 yet, however 등도 같은 의미를 가지고 있다. 때로는 not A but B(A가 아니라 B이다)의 구조로도 사용된다.
Or	선택의 의미가 있다. 때로는 상관접속사 either A or B(A 혹은 B)의 구조를 갖거나, whether A or B(A인지 B인지)의 구조로 사용되기도 한다.

토익 출제 POINT

ex be served in the hotel, ***and*** lunch will begin

be동사(be) + 과거분사(served) + 전치사(in) + 정관사(the)
+ 명사(hotel), 등위접속사(***and***) + 명사(lunch) + 조동사(will) + 자동사(begin)

ex skills ***and*** expertise 명사(skills) + 등위접속사(***and***) + 명사(expertise)

❖ 실전 문제 ❶

Mr. Wang always tries to maintain his firm position ---------- sometimes he has to compromise.

(A) even (B) but
(C) nor (D) how

빈출어휘 always 항상 | maintain 유지하다, 지속하다 | compromise 협상하다, 타협하다 | firm 확고한, 단단한

❖ 연습 문제 맛보기

These articles must not be published, rewritten ---------- redistributed.

(A) when (B) or
(C) neither (D) either

문제풀이 상관접속사인 neither와 either는 단독으로 사용될 수가 없고 nor와 or를 동반해야 하므로 문제의 답으로는 어울리지 않다. 시간을 나타내는 접속부사인 when으로 연결되는 경우에는 문장이 완전해야 한다. 해석상 '출판되거나 다시 써지거나 또는 재배포 되어서는 안 된다'가 되므로 등위접속사 or가 적절하다. 정답은 (B) or이다.

빈출어휘 rewrite 고쳐 쓰다, 다시 쓰다 | redistribute 재분배(배포)하다

직독직해 이 글들은 / 출판되거나 / 다시 고쳐 쓰이거나 / 재배포 되지 않아야 한다

오답처리
(A) when – 접속부사인 when 다음에는 '주어+동사'의 절의 구조가 나와야 한다.
(B) or – 여기서는 등위접속사로 '또는'의 뜻을 갖는다. 빈칸 앞과 뒤가 병렬구조를 이루어야 한다. 정답!
(C) neither – neither는 nor과 함께 사용되어 상관접속사로서의 역할을 가진다.
(D) either – either는 or과 함께 사용되어 상관접속사 역할을 한다.

❖ 실전 문제 ❷

According to the survey conducted by the Korea Research Center, some workers might have been overworked ---------- underpaid for a long time.

(A) however (B) and
(C) for (D) as

빈출어휘 according to ~에 따르면 | survey 여론조사 | overwork 과로시키다 | underpay 저임금을 지불하다 | for a long time 오랫동안

족집게 비법 42

출제 빈도수 ★★★

적절한 접속사나 전치사를 찾는 문제

문장의 구조를 통해서 문맥에 맞는 적절한 접속사와 전치사를 찾는다. 매달 접속사와 전치사를 찾는 문제가 출제되고 있다. 다시 말해서 접속사와 전치사와 관련된 문제는 정말 다양하다. 그만큼 출제 빈도도 높은 편이다.

토익 출제 POINT

ex ***According to*** a report — 전치사구(***according to***) + 부정관사(a) + 명사(report)

ex ***Now that*** the weather is — 부사절 접속사(***now that***) + 정관사(the) + 명사(weather) + be동사(is)

ex ***so that*** this meeting room will be — 부사절 접속사(***so that***) + 지시형용사(this) + 명사(meeting) + 명사(room) + 조동사(will) + be동사(be)

ex ***along*** the waterfront — 전치사(***along***) + 정관사(the) + 명사(waterfront)

ex ***until*** further notice — 전치사(***until***) + 형용사(further) + 명사(notice)

ex ***within*** a week — 전치사(***within***) + 부정관사(a) + 명사(week)

ex was rescheduled ***for*** — be동사(was) + 과거분사(rescheduled) + 전치사(***for***)

❖ 실전 문제 ❶

We would like to apologize for delivering some of the heavy equipment ---------- the wrong address.

(A) to (B) in

(C) on (D) by

빈출어휘 apologize 사과하다(for), 변명하다 | deliver 배달하다, 전달하다 | heavy equipment 중장비 | to the wrong address 잘못된 주소로

❖ 연습 문제 맛보기

Their profits will be good ---------- the pound remains strong for the remainder of this year.

(A) in case of
(B) in the time of
(C) for the period of
(D) as long as

문제풀이 절과 절을 연결해주는 접속사를 선택하는 문제로 in case of는 전치사구 역할을 하므로 오답이 되며 조건의 의미를 지니고 있는 접속사 as long as(~하는 한)가 가장 자연스럽게 문장을 연결해주므로 **정답은 (D) as long as**이다.

빈출어휘 remain 남다, ~한 대로이다 | for the period of ~기간 동안 | in the time of ~의 시기에 | in case of ~하는 경우에 | for the remainder of this year 올해 남은 기간 동안

직독직해 그들의 수익은 / 좋을 것이다 / 파운드가 / 강세면 / 올해 남은 기간 동안

오답처리
(A) in case of – 전치사구로 뒤에 절의 구조를 취할 수가 없다.
(B) in the time of – 전치사구로 '~기간 동안'의 뜻이다. 절의 구조를 취하지는 못한다.
(C) for the period of – 전치사구로 '~의 시기에'의 뜻이다. 뒤에는 절의 구조가 나올 수가 없다.
(D) as long as – 조건의 의미를 지니고 있는 부사절 접속사로 '~하는 한'의 뜻으로 쓰인다. 정답!

❖ 실전 문제 ❷

Because of the lack of conference rooms, there are a lot of questions and concerns about ---------- our monthly meetings will be held or not.

(A) whom
(B) whether
(C) who
(D) in case of

빈출어휘 because of ~한 이유로(owing to, due to) | lack of ~의 부족(결핍) | question and concern about ~에 대한 의문점과 우려(걱정) | conference room 회의실 | monthly meeting 월간회의 | in case of ~할 경우에

족집게 비법 43

출제 빈도수 ★★★

접속사 'before, when, after, while, by the time, until, since, as long as'중에서 문맥 흐름에 따라서 적절한 접속사를 선택한다.

문맥을 통해서 적절한 접속사를 고르는 문제가 매달 출제되고 있다. 특히 'before(전에), after(후에), until(까지), since(이후로)'는 접속사도 되지만 전치사 역할도 한다. 다음 접속사들의 기본 뜻을 파악해보자.

when	~할 때, while : ~하는 동안에, ~하는 반면에(although)
after	'~한 후에'로 접속사와 전치사 역할을 동시에 한다(after ~ing)
before	'~하기 전에'로 접속사와 전치사 역할을 동시에 한다(before ~ing)
since	~이래로, until : ~할 때까지
by the time	~할 때까지, as soon as : '~하자마자'로 'upon+명사, on ~ing'도 같은 뜻이다.

토익 출제 POINT

ex ***Since*** our manager was transferred
부사절 접속사(***since***) + 소유격대명사(our) + 명사(manager) + be동사(was) + 과거분사(transferred)

ex ***before*** he leaves for　부사절 접속사(***before***) + 주격대명사(he) + 자동사(leaves) + 전치사(for)

ex ***While*** admission to the concert is　부사절 접속사(***while***) + 명사(admission) + 전치사(to) + 정관사(the) + 명사(concert) + be동사(is)

ex ***as soon as*** we find　부사절 접속사(***as soon as***) + 주격대명사(we) + 타동사(find)

❖ 실전 문제 ❶

---------- you apply for this secretarial position, you should fill out this job application form.

(A) Before　(B) Where
(C) Because of　(D) What

빈출어휘 apply for ~에 지원하다 | secretarial position 비서직 | fill out 작성하다, 기재하다 | job application form 구직신청서

❖ 연습 문제 맛보기

The expected return of KE stock is 30%, ---------- that of LT stock is 40%.

(A) during (B) while
(C) still (D) after

문제풀이 두 문장을 연결해주는 역할을 하는 것인 접속사이므로 부사인 still과 전치사 during은 우선 오답이 된다. 글의 흐름상 앞과 뒤의 내용이 대조되므로 이럴 경우에는 접속사 while(~하는 반면에)을 사용한다. **정답은** (B) while이다.

빈출어휘 **return** 수익, 수익률, 답례 | **stock** 주식 | **expected** 예상된, 예견된

직독직해 예상된 수익률은 / KE 주식의 / 30%이며 / 반면에 수익률은 / LT 주식의 / 40%이다

오답처리
(A) during – 전치사로 절의 구조를 취하지 못한다.
(B) while – '~동안에' 또는 '반면에'라는 뜻을 가진다. 여기서는 앞과 뒤가 대조(반면에)의 내용이다. 정답!
(C) still – 부사로 빈칸 뒤에 나온 절의 구조를 취할 수는 없다.
(D) after – 전치사와 접속사 역할을 하는 after는 '후로'인데, 문맥상 자연스럽지 못하다.

❖ 실전 문제 ❷

Kate couldn't completely focus on her work ---------- she was in her office this morning.

(A) how (B) while
(C) with (D) whether

빈출어휘 focus on ~에 집중하다, 초점을 맞추다 | completely 완전히

족집게 비법 44

출제 빈도수 ★★☆

구조상 '명사+전치사, 형용사+전치사, 동사+전치사'처럼 어울리는 전치사가 있다.

전치사는 일반적으로 명사 앞에 놓이지만, 다음과 같은 구조에서는 전치사가 뒤에 오는 경우다. 즉, '명사 + 전치사/동사 + 전치사/형용사 + 전치사'의 구조를 갖는다. 일종의 관용구로 생각하면 된다. 요즘은 글의 흐름을 통해서 적절한 전치사를 고르는 문제가 매달 출제되고 있다.

토익 출제 POINT

ex demand ***for***	명사(demand) + 전치사(***for***)
ex is in charge ***of***	be동사(is) + 전치사(in) + 명사(charge) + 전치사(***of***)
ex guidelines ***for***	명사(guidelines) + 전치사(***for***)
ex is responsible ***for***	be동사(is) + 형용사(responsible) + 전치사(***for***)
ex apologize ***for***	자동사(apologize) + 전치사(***for***)
ex talk ***about***	자동사(talk) + 전치사(***about***)
ex is rescheduled ***for***	be동사(is) + 과거분사(rescheduled) + 전치사(***for***)
ex depend ***on***	자동사(depend) + 전치사(***on***)

❖ 실전 문제 ❶

A lot of useful information can be obtained ---------- the head office located in Tokyo.

(A) over (B) behind
(C) for (D) from

빈출어휘 head office 본사 | obtain A from B A를 B로부터 얻다 | useful 유용한

❖ 연습 문제 맛보기

Mr. Ling has made a significantly important contribution ---------- his company's success for a decade.

(A) above (B) to
(C) under (D) on

문제풀이 명사 contribution과 어울리는 전치사로 to가 나와야 한다. 정답은 (B) to이다.

빈출어휘 **significantly** 중대하게, 뜻 있게 | **important** 중요한(significant) | **contribution** 공헌, 기여(to) | **success** 성공 | **for a decade** 10년 동안

직독직해 미스터 링은 / 상당히 중요한 기여를 했다 / 그의 회사 성공에 / 10년 동안

오답처리
(A) above – '~보다 위인'의 뜻으로 명사 contribution과 어울리지가 않다.
(B) to – 전치사 to는 명사 contribution(기여)와 함께 사용되어 '~에 기여'라는 뜻을 갖는다. 정답!
(C) under – '~아래에'라는 뜻으로 글의 흐름상 어울리지 않는다.
(D) on – '~위에'라는 뜻으로 적합하지 않다.

❖ 실전 문제 ❷

There has been much dispute ---------- this building construction project for a long time.

(A) over (B) under
(C) within (D) at

빈출어휘 building construction 빌딩 공사 | for a long time 오랫동안 | dispute 논쟁, 논박, 분쟁(over)

CONTENTS

토익 시험에서 매달 출제되는 문법!

UNIT06

대명사란?

족집게 비법 45

소유격대명사(my, his, her, our, their)은 명사를 앞에서 수식

족집게 비법 46

재귀대명사는 문장 구조상 재귀용법과 강조용법의 역할을 한다

족집게 비법 47

인칭대명사

족집게 비법 48

부정대명사

족집게 비법 49

지시 대명사(this, that)와 지시형용사(this, that+단수명사)의 차이점

족집게 비법 50

Other/Another의 차이점과 Each other/One Another의 차이점

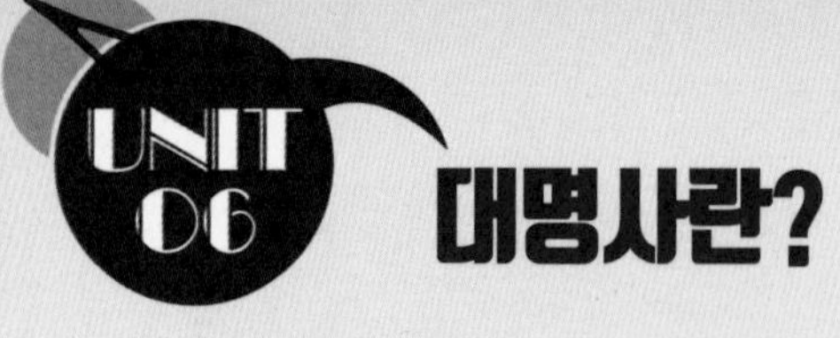

대명사란?

대명사란 명사를 대신하는 역할을 한다. 우리도 영화를 찍다 보면 위험한 일이 있으면 대신 스턴트맨이 그 일을 한다. 영어도 마찬가지다. 영어에서는 명사를 반복해서 사용하는 것을 별로 안 좋아한다. 그래서 사람일 경우에는 인칭대명사를 사용하거나 사물 명사일 경우에는 it 또는 they 등으로 대체해서 사용한다.

토익에서 대명사 문제는 어려운 문제들이 출제되지는 않는다. 소유격을 찾는 문제가 자주 등장하고 가끔은 재귀대명사의 관용적인 표현들을 묻기도 한다. 이번 기회에 대명사의 역할이 뭔지를 파악해보는 것도 좋다.

① 대명사와 명사는 일치

대명사는 문장에서 명사를 대신해서 사용하기 때문에 명사와 대명사와는 일치해야 한다. 다시 말해서 복수명사를 대신해서 대명사를 사용할 경우에는 대명사도 복수가 되어야 한다는 말이다. 예를 들어 다음 문장을 살펴보자.

ex These manufacturing companies announced that they decided to reduce production costs.
이 제조 회사들은 생산 비용들을 줄이기로 결정했다고 발표했다.

여기서 주격대명사 they는 바로 앞에 나온 복수명사 these manufacturing companies를 대신했다.

다시 말해서 반복되는 복수명사를 간단하게 주격대명사 they로 표현했다. 이렇게 대명사를 사용하면 문장 속에서 반복되는 명사를 피할 수가 있는 것이다. 영어 문장에서 반복되는 명사를 되도록 피하기 위해서 대명사를 사용한다.

족집게 비법 45, 47

② 인칭대명사

인칭대명사는 문장 속에서 주격, 소유격, 목적격으로 사용될 수 있다. 다시 말해서 어디에 나오냐에 따라 모습이 좀 달라진다.

주격 대명사

문장에서 동사 앞 주어 자리에 주격대명사 'I, you, she, he, we, they'가 나온다.

ex He will be able to finish this new assignment on time.
그는 제때에 이 새로운 업무를 끝낼 수 있을 것이다.

소유격 대명사

명사를 앞에서 수식하며, 단독으로는 주어 역할을 할 수가 없다. 소유격대명사에는 'my, your, his, her, our, their'등이 있으며 토익 시험에서 자주 출제된다.

ex Please submit your application form immediately.
즉시 당신 신청서를 제출해 주십시오.

목적격 대명사

타동사나 전치사의 목적어 자리에 목적격 대명사 'me, her, him, us, them'가 나온다.

ex We praised him for his excellent job performance.
우리는 그의 훌륭한 직무 수행에 그를 칭찬했다.

족집게 비법 46

③ 재귀대명사

재귀라는 의미는 '다시 돌아가다'라는 뜻이다. 주어의 행동이 주어 자신에게 다시 돌아갈 경우 재귀대명사를 사용한다. 다시 말해서 재귀대명사는 구조상 강조용법과 재귀용법의 역할을 한다.

강조용법은 재귀대명사가 문장의 주어 역할을 하는 명사, 대명사에 따르는 동격어로서 그것을 강조하기 위해 사용된다. 그러므로 재귀대명사는 문장에서 생략 가능하다.

반면에 재귀용법으로 사용될 경우에는 타동사나 전치사의 목적어로 재귀대명사가 사용되며 생략할 수 없다.

④ 재귀대명사의 관용표현

재귀대명사에서 관용적으로 사용되는 표현들이 있다. 한 덩어리로 암기해 두는 것이 좋다.

by oneself	홀로	alone	외로이, 홀로
for oneself	혼자 힘으로	without one's help	누구의 도움도 없이
of itself	저절로	spontaneously	저절로
beside oneself	제정신이 아닌	insane	미친
in spite of oneself	자신도 모르게	unconsciously	무의식적으로

족집게 비법 48, 50

⑤ 부정대명사

부정대명사에서 부정을 not처럼 받아들이면 안 된다. 여기서 부정이란 꼭 집어서 뭐라고 단정 짓기가 힘들 때를 말한다.

예로 some people(몇 명의 사람들)에서 some을 도대체 몇 명으로 단정 지어 말할 수 있을까? 두 명 아니면 열 명... 도무지 확실하게 말하기가 쉽지 않다.

이처럼 확실히 단정 짓기 힘들 때 사용되는 대명사를 부정대명사라 한다.

each, every	다음에는 단수 명사가 나온다.
any	의문문, 부정문, 조건문 some은 긍정문 또는 권유의 의문문에서 사용된다.
other	다음에는 복수명사가 나오며 another 다음에는 단수명사가 나온다.
others	대명사로 뒤에 명사가 따르지 않는다.
each other	둘 사이에서 '서로 서로의'의 뜻이며 one another는 셋 이상에서 '서로 서로의' 뜻으로 사용된다.
one~, the other	둘 중에서 '하나는, 나머지 하나는'의 뜻으로 사용된다.
no	부정형용사이므로 no 다음에는 명사가 나오지만, none은 부정대명사로 none 다음에는 명사가 나오지 못하며 그 자체가 문장 속에서 주어나 목적어 역할을 한다.
most	형용사(most+명사) 또는 부정대명사 역할을 하지만 almost는 부사 역할을 한다.
some	다음에는 가산복수명사나 불가산 단수명사가 나온다.

⑥ 부정대명사의 수의 일치

부정대명사의 수의 일치는 다음과 같다. 좀 헷갈릴 수는 있지만 철저하게 분석해서 자신의 것으로 만들어야 한다.

전치사 of 다음에 나오는 명사와 관계없이 항상 단수 동사를 사용하는 경우가 있다.

every one/each/either/neither/one of the(소유격/한정사) + 복수명사 + 단수동사가 나온다.

ex One of the employees was sick yesterday. 직원 중의 한 명이 어제 아팠다.

전치사 of 다음에 나오는 명사에 따라 단수 동사나 복수 동사를 사용하는 경우가 있다.

all/some/most/of the(소유격/한정사) + 복수명사 + 복수동사가 나온다.
all/some/most/of the + 단수명사(불가산 명사) + 단수동사가 나온다.

ex All of the employees are working hard.   모든 직원들이 열심히 일하고 있다.

전치사 of 다음에 복수명사가 나오고 복수 동사를 사용하는 경우가 있다.

many/both/several of the 복수명사 + 복수동사가 나온다.

ex Many of the people want to travel around the world.
많은 사람들이 세계를 여행하길 원한다.

전치사 of 다음에 불가산 단수명사가 나오고 단수 동사를 사용하는 경우가 있다.

much of the + 불가산 명사 + 단수 동사를 나온다.

ex Much of the information was not true.   대부분의 정보들은 사실이 아니었다.

족집게 비법 49

⑦ 지시 대명사 that/those

이미 앞에 나온 명사를 반복해서 사용하기보다는 지시 대명사 that 또는 those를 활용해서 그 명사를 대신해서 사용한다. 여기서 대신하는 명사가 단수일 때는 that을 사용하고 복수일 때는 those를 사용한다.

ex The population of Seoul is much larger than that(=the population) of Busan.
서울의 인구는 부산의 인구보다 훨씬 더 많다.

지시 대명사 that은 앞에 나온 단수명사 the population을 대신하여 사용되었다. 대명사는 문장 속에서 반복되어 사용되는 명사를 피하기 위해서 쓰인다는 점을 이미 앞에서 자세히 언급했다.

족집게 비법 45

출제 빈도수 ★★★

소유격대명사(my, his, her, our, their)은 명사를 앞에서 수식해 준다.

소유격대명사인 my, your, his, her, our, their는 명사를 앞에서 수식해 주는 형용사 역할을 한다. 보통 '소유격대명사 + 명사', '전치사 + 소유격대명사 + 명사(구)' 구조로 잘 나온다. 이런 유형은 쉬운 편에 속한다. 그러므로 정답을 찾는데 실수를 하면 안 된다. 예전 구토익이나 최근 토익이나 자주 다루고 있는 문제임을 기억하자.

토익 출제 POINT

ex to ***your*** employee guide	전치사(to) + 소유격대명사(***your***) + 명사(employee) + 명사(guide)
ex before making ***your*** decision	전치사(before) + 동명사(making) + 소유격대명사(***your***) + 명사(decision)
ex ***their*** new plan	소유격대명사(***their***) + 형용사(new) + 명사(plan)
ex for ***their*** excellent work	전치사(for) + 소유격대명사(***their***) + 형용사(excellent) + 명사(work)
ex on ***their*** knowledge	전치사(on) + 소유격대명사(***their***) + 명사(knowledge)
ex ***her*** specialty handbags	소유격대명사(***her***) + 명사(specialty) + 명사(handbags)
ex ***her*** car insurance policy	소유격대명사(***her***) + 명사(car) + 명사(insurance) + 명사(policy)
ex ***his*** entry	소유격대명사(***his***) + 명사(entry)
ex of ***its*** kind	전치사(of) + 소유격대명사(***its***)+명사(kind)

❖ 실전 문제 ❶

We thought Mike would do well, but he has succeeded beyond ---------- expectations.

(A) our (B) ours
(C) we (D) ourselves

빈출어휘 succeed 성공(출세)하다, 계속하다 | do well 일을 잘하다

❖ 연습 문제 맛보기

If you are 25 or older and have interest in working at our restaurant, please submit ---------- resume and cover letter by the end of the day.

(A) your (B) you
(C) yourself (D) yours

문제풀이 타동사로 쓰인 submit의 목적어로 명사 resume(이력서), cover letter(자기소개서)가 보이고 빈칸은 바로 명사를 수식 해주는 소유격대명사가 들어가야 하므로 정답은 (A) your이다.

빈출어휘 have interest in ~에 관심이 있다 | submit 제출하다(hand in) | resume 이력서, 요약 | cover letter 자기소개서 | by the end of the day 하루 일과가 끝날 때 까지

직독직해 만약 당신이 / 25살 또는 더 나이 많고 / 일하는 데 관심이 있다면 / 우리 레스토랑에서 / 제출해 주십시오 / 당신 이력서와 소개서를 / 하루 일과가 끝날 때 까지

오답처리
(A) your – 소유격대명사로 뒤에 나오는 명사 resume와 cover letter를 수식해 준다. 정답!
(B) you – 주격과 목적격 역할을 하는 대명사 you는 뒤에 나오는 명사를 수식 못 한다.
(C) yourself – 재귀대명사는 뒤에 나오는 명사를 수식할 수가 없다.
(D) yours – 소유대명사 yours는 명사를 앞에서 꾸며줄 수가 없다. 다시 말해서 '소유격+명사'를 합친 것이 소유대명사이기 때문이다.

❖ 실전 문제 ❷

Please submit your completed job application form to the personnel department at ---------- earliest convenience.

(A) you (B) your
(C) yours (D) yourself

빈출어휘 submit 제출하다 | job application form 입사 지원서 | personnel department 인사부 | convenience 편의, 편리 | completed 완성된

족집게 비법 46

출제 빈도수 ★☆☆

재귀대명사는 문장 구조상 재귀용법과 강조용법의 역할을 한다.

재귀대명사가 문장에서 생략이 가능한 경우에는 바로 강조용법이며 전치사나 동사의 목적어 역할을 하는 경우에는 재귀용법이다. 토익에서는 주어와 재귀대명사의 일치를 묻는 문제가 가끔 출제된다.

토익 출제 POINT

ex travel by ***himself***	자동사(travel) + 전치사(by) + 재귀대명사(***himself***)
ex make a reservation ***himself***	타동사(make) + 부정관사(a) + 명사(reservation) + 재귀대명사(***himself***)
ex do business for ***themselves***	타동사(do) + 명사(business) + 전치사(for) + 재귀대명사(***themselves***)
ex among ***themselves***	전치사(among) + 재귀대명사(***themselves***)
ex finish her project by ***herself***	타동사(finish) + 소유격대명사(her) + 명사(project) + 전치사(by) + 재귀대명사(***herself***)

❖ 실전 문제 ❶

The residents can enjoy ---------- at a nearby amusement park during the festival.

(A) ourselves (B) themselves
(C) itself (D) herself

빈출어휘 resident 주민 | nearby 근처에, 인근에 | enjoy oneself 즐거운 시간을 보내다 | amusement park 놀이공원 | festival 축제

❖ 연습 문제 맛보기

They will have to make a new project ---------- in collaboration with their partners from next week.

(A) they (B) them
(C) themselves (D) their

문제풀이 동사 make의 목적어로 a new project가 나왔고 바로 빈칸은 재귀대명사에서 강조용법으로 사용되는 themselves가 들어가야 하므로 정답은 (C) themselves이다.

빈출어휘 in collaboration with 협력하여, 협조하여 | next week 다음 주

직독직해 그들은 / 만들어야 할 것이다 / 새로운 프로젝트를 / 그들 스스로 / 그들의 동업자들과 협력하여 / 다음 주부터

오답처리
(A) they – 주격대명사 they는 주어자리에 나와야 한다.
(B) them – 목적격대명사 them은 빈칸에 들어갈 수가 없다. 이미 완전타동사의 목적어로 a new project가 나왔다.
(C) themselves – 재귀대명사로 빈칸이 없어도 완벽하다. 이때는 재귀대명사가 강조용법으로 사용된 것이다. 정답!
(D) their – 소유격대명사 their는 빈칸에 못 들어간다.

❖ 실전 문제 ❷

Mr. Choi insists that the sales department continue to deal with all of its financial problems by ----------.

(A) himself (B) herself
(C) itself (D) oneself

빈출어휘 sales department 영업부 | insist 주장하다, 고집하다, 우기다 | continue to do 지속적으로 ~하다 | deal with 처리하다(handle), 취급하다, 대우하다 | by oneself 혼자서, 외로이, 홀로 | financial 재정상의

족집게 비법 47

출제 빈도수 ★★★

인칭대명사

대명사는 다른 문제들보다는 좀 쉬운 유형에 속한다. 주어자리에는 주격 대명사가 나오며 목적어 자리나 전치사 다음에는 목적격 대명사가 나온다. 다시 말해서 주격 대명사(I, we, you, he, she, they)는 문장의 주어 자리에, 목적격대명사(me, us, you, him, her, them)는 문장의 목적어 자리에 나온다. 그리고 소유격대명사(my, your, his, her, our, their, its)는 명사(구) 앞에 나와 뒤에 나오는 명사(구)를 수식해 준다. 중요한 것은 전치사 다음에는 당연히 목적격이 들어가고 타동사 뒤에도 역시 인칭대명사 중에서 목적격이 나온다. 인칭대명사 문제는 최신 토익 시험에서 매달 출제되고 있는 파트다.

토익 출제 POINT

ex join ***them***	타동사(join) + 목적격대명사(***them***)
ex to ***her***	전치사(to) + 목적격대명사(***her***)
ex make ***her*** interested in	불완전타동사(make) + 목적격대명사(***her***) + 과거분사(interested) + 전치사(in)
ex for ***them*** to review	전치사(for) + 목적격대명사(***them***) + to부정사(to review)
ex a handful of ***us***	부정관사(a) + 명사(handful) + 전치사(of) + 목적격대명사(***us***)
ex uses ***his*** bicycle	타동사(uses) + 소유격대명사(***his***) + 명사(bicycle)
ex for ***her*** review	전치사(for) + 소유격대명사(***her***) + 명사(review)
ex ***she*** will conduct	주격대명사(***she***) + 조동사(will) + 타동사(conduct)
ex when ***they*** finish	부사절 접속사(when) + 주격대명사(***they***)+타동사(finish)

❖ 실전 문제 ❶

All the applicants for this job know that ---------- should submit their resumes and cover letters by the end of this month.

(A) they (B) them
(C) their (D) themselves

빈출어휘 job applicant 구직자 | submit 제출하다(hand in) | resume 이력서 | cover letter 자기 소개서 | by the end of this month 이달 말까지

❖ 연습 문제 맛보기

Last Monday, Mr. Wang went to Japan on the recommendation of a friend of ----------.

(A) him (B) himself
(C) he (D) his

문제풀이 전치사 of 다음에는 목적격대명사, 재귀대명사 또는 소유대명사가 나온다. 글의 흐름상 '그의 친구의 추천으로'이므로 빈칸에는 소유격대명사와 소유대명사 역할을 하는 his가 들어가야 한다. 정답은 (D) his이다.

빈출어휘 on the recommendation of ~의 추천으로

직독직해 지난 월요일에 / 미스터 강은 / 일본에 갔다 / 추천으로 / 그의 친구의

오답처리
(A) him – 목적격대명사로 전치사 of 다음에 나올 수는 있지만, 빈칸에는 소유대명사가 들어갈 자리이다.
(B) himself – 재귀대명사 himself는 전치사 of 다음에 목적어로 나올 수 있지만, 빈칸에는 정답으로 소유대명사가 나와야 한다.
(C) he – 전치사 of 다음에는 주격 인칭대명사가 나올 수가 없다.
(D) his – 소유격대명사와 소유대명사 역할을 동시에 한다. 여기서는 소유대명사로 사용되었다. 정답!

❖ 실전 문제 ❷

To avoid making any big mistakes, Mrs. Kelly thinks that ---------- will have to work harder than before.

(A) her (B) she
(C) hers (D) herself

빈출어휘 avoid 피하다 | make mistakes 실수하다 | work harder than before 전보다 더 열심히 일하다

족집게 비법 48

출제 빈도수 ★★☆

부정대명사

부정대명사란 정확한 수나 양을 구별할 수가 없어서 막연하게 말을 할 때 사용되는 대명사를 말한다. 다시 말해서 부정은 'not'의 의미가 아니라 '정확하게 정할 수가 없다(indefinite)'는 의미임을 기억하자. 특히 토익 시험에서 those who are(~하는 사람들)가 출제된 적이 있다.

토익 출제 POINT

ex with ***one another***	전치사(with) + 부정대명사(***one another***)
ex ***one*** of the musicians	부정대명사(***one***) + 전치사(of) + 정관사(the) + 명사(musicians)
ex replace it with ***another***	타동사(replace) + 대명사(it) + 전치사(with) + 부정대명사(***another***)
ex ***Those*** who need to	부정대명사(***those***) + 관계대명사(who) + 조동사(need) + to부정사(to)

❖ 실전 문제 ❶

---------- who are interested in applying for this secretarial position should contact us immediately.

(A) Those (B) That
(C) This (D) Them

빈출어휘 be interested in ~에 관심이 있다 | apply for ~에 지원하다 | secretarial position 비서직 | contact 연락하다 | immediately 즉시, 당장

❖ 연습 문제 맛보기

---------- who do not comply with standard business practices will have to pay a lot of money in fines.

(A) That (B) Which
(C) This (D) Those

문제풀이 관계대명사 who 앞에 나온 빈칸은 선행사 역할을 하는 자리로 관계대명사 who 이하의 동사가 do이므로 that, this는 수의 일치가 안 되며 여기서 those who라고 하면 막연히 '~하는 사람들'이 된다. 다시 말해서 부정대명사 those는 관계대명사 who와 함께 사용되어 뒤에 나온 문장에 의해 수식을 받으면 그 뜻이 '~하는 사람들'이 되는 것이다. 그러므로 **정답은 (D) Those**이다.

빈출어휘 those who ~하는 사람들 | comply with 준수하다, 따르다 | standard business practices 표준 상업 관례 | pay in fines 벌금으로 내다

직독직해 사람들은 / 준수하지 않는 / 표준 상업 관례를 / 많은 돈을 지불해야 할 것이다 / 벌금으로

오답처리

(A) That – 관계대명사 who 다음에 복수동사 do가 나왔으므로 지시형용사나 지시대명사로 사용되는 this는 수의 일치가 안 된다.

(B) Which – 관계대명사 who 앞에는 명사가 나온다. 또 which처럼 관계대명사가 나올 수가 없다.

(C) This – 지시대명사나 지시형용사로 쓰인 this는 단수이기 때문에 관계대명사 다음에 나온 복수 동사 do와 수의 일치가 안 된다.

(D) Those – **막연히 '~하는 사람들'이라고 할 때 Those who처럼 표현한다. 정답!**

❖ 실전 문제 ❷

---------- interested in participating in our monthly speech contest should be prepared to make a 5-minute speech in front of people.

(A) Anyone (B) Whoever
(C) Them (D) Some

빈출어휘 be interested in ~에 관심이 있다 | participate in ~에 참여하다(take part in) | make a speech 연설하다 | be prepared to ~하도록 준비되다 | in front of ~앞에서

족집게 비법 49

출제 빈도수 ★☆☆

지시 대명사(this, that)와 지시형용사(this, that+단수명사)의 차이점

this나 that은 두 가지 역할을 한다. 하나는 뒤에 나오는 명사를 수식해주는 지시형용사로, 다른 하나는 지시대명사이다. 지시형용사로 사용될 경우 this와 that 다음에는 단수명사가 나와야 하며, 지시대명사로 사용될 경우 that은 앞에 나온 단수명사를 대신하고 those은 복수명사를 대신한다. 요즘 최신 토익에서는 출제 빈도가 그다지 높지 않다.

토익 출제 POINT

ex ***those*** interested in 지시대명사(***those***) + 과거분사(interested) + 전치사(in)

❖ 실전 문제 ❶

---------- latest revelations will be sure to severely damage our personnel manager's reputation.

(A) These (B) This
(C) That (D) Much

빈출어휘 revelation 폭로 | reputation 명성 | damage 피해를 주다 | severely 심각하게

❖ 연습 문제 맛보기

---------- company says it has responsibility to all of its shareholders at all times.

(A) These (B) This
(C) Those (D) Mostly

문제풀이 단수명사 company를 수식해주는 지시형용사는 this이므로 **정답은** (B) This이다.

빈출어휘 **responsibility** 책임, 책무, 신뢰성 | **shareholder** 주주(stockholder) | **at all times** 항상, 늘

직독직해 이 회사는 / 말한다 / 책임이 있다고 / 회사의 모든 주주들에 대한 / 항상

오답처리
(A) These – 단수명사 company를 지시형용사 this의 복수형 these가 수식할 수 없다.
(B) This – **지시형용사로 단수명사 company를 앞에서 수식해 준다. 정답!**
(C) Those – 빈칸 자리는 단수명사 company를 수식해주는 역할을 한다. 복수 those는 어울리지 않다.
(D) Mostly – 부사는 명사 company를 앞에서 수식하는 역할을 못 한다.

❖ 실전 문제 ❷

Over the past few months, ---------- members have done lots of training exercises to cope with a variety of unexpected emergency situations.

(A) this (B) these
(C) that (D) much

빈출어휘 over the past few months 지난 몇 달에 걸쳐 | cope with ~에 대처하다 | a variety of 다양한(various) | unexpected 예기치 않은 | emergency situation 긴급 상황 | training exercise 훈련 과정

족집게 비법 50

출제 빈도수 ★☆☆

Other/Another의 차이점과 Each other/One another의 차이점을 알자.

토익 시험에서 'another + 단수명사'와 'other + 복수명사' 구별 문제가 과거에 출제된 적이 있다. each other는 둘 사이에서 '서로 서로의'의 뜻이며 one another는 셋 이상에서 '서로 서로의' 뜻으로 사용된다. 요즘은 대명사에 관한 문제는 인칭대명사가 주가 된다.

토익 출제 POINT

ex ***another*** plan — 부정대명사(***another***) + 명사(plan)

ex ***other*** ways — 부정대명사(***other***) + 명사(ways)

❖ 실전 문제 ❶

Molly didn't like her job as a computer programmer because she didn't have any opportunities to learn ---------- skills.

(A) another　　(B) other

(C) others　　(D) each

빈출어휘 | job 직업, 일 | opportunity 기회(chance) | skill 기술

❖ 연습 문제 맛보기

They asked an outsider for advice so as to get ---------- perspective on the problem.

(A) many
(B) others
(C) another
(D) mostly

문제풀이 단수명사인 perspective를 수식해 주는 것은 another뿐이며 부정대명사 역할을 하는 others는 뒤에 바로 명사가 나오지 못한다. **정답은 (C) another이다.**

빈출어휘 **perspective** 전망, 시각, 견지(view) | **advice** 충고

직독직해 그들은 / 요청했다 / 제삼자에게 / 조언을 / 또 다른 시각을 얻기 위해서 / 문제에 대한

오답처리
(A) many – 수량형용사 many 다음에는 복수명사가 나와야 한다.
(B) others – 부정대명사로 뒤에 명사가 나오지 못한다.
(C) another – another 다음에는 단수명사가 나온다. 정답!
(D) mostly – 부사로 명사 perspective를 수식할 수가 없다.

❖ 실전 문제 ❷

Mr. Wang needs to be more sensitive to the needs of ---------- customers.

(A) each
(B) another
(C) other
(D) others

빈출어휘 sensitive 민감한, 예민한 | customer 고객, 손님

CONTENTS

토익 시험에서 매달 출제되는 문법!

UNIT 07

분사/능동태&수동태란?

족집게 비법 51

분사는 형용사처럼 명사(분사+명사)를 수식해 주며 분사는 주격보어(be+분사) 또는 목적격 보어(목적어+분사) 역할을 한다

족집게 비법 52

be동사+과거분사+전치사(in, by, with, at, about) = 수동태 관용구

족집게 비법 53

5형식 동사의 수동태 구조

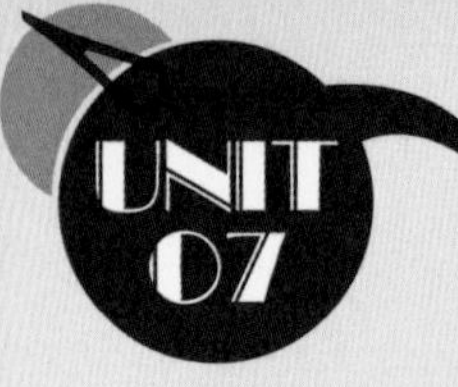

분사/능동태&수동태란?

족집게 비법 51

① 분사란?

분사의 뿌리는 동사지만 형용사 역할을 한다. 다시 말해서 현재분사(~ing)와 과거분사(~ed)는 형용사로 사용된다는 점을 기억하자.

토익 시험에서는 '분사(현재분사, 과거분사) + 명사'처럼 명사를 수식해 주는 분사형용사 문제와 'be + 분사(현재분사, 과거분사), 동사 + 목적어 + 분사(현재분사, 과거분사)'처럼 보어 역할을 하는 분사 문제가 출제되고 있다. 주의할 점은 동사가 자동사일 때는 과거분사로 명사를 수식 못 한다.

예를 들어 missed child처럼 표현하면 안 되고 missing child처럼 말해야 한다. 그리고 동사가 타동사일 때는 명사와의 관계가 능동인지(~ing) 아니면 수동인지(~ed)를 꼭 파악해야 한다. 능동일 때는 현재분사로, 수동일 때는 과거분사로 사용되어야 한다.

예를 들어보면...

the finished product	완제품	정관사+과거분사+명사
the relaxing atmosphere	편안한 분위기	정관사+현재분사+명사
the enclosed itinerary	동봉된 여행일정표	정관사+과거분사+명사
an improved image	개선된 이미지	부정관사+과거분사+명사
an attached coupon	첨부된 쿠폰	부정관사+과거분사+명사
attached documents	첨부된 문서들	과거분사+명사
suggested additions	제안된 추가 사항들	과거분사+명사
proposed changes	제시된 변경사항들을	과거분사+명사
an updated job listing	개선된 직업목록	부정관사+과거분사+복합명사
the updated employment directory	개선된 고용 명부	정관사+과거분사+복합명사
summarize proposed staffing changes	제시된 직원 결정 변경을 요약하다	타동사+과거분사+복합명사
Because of rising rents	증가하는 임대료 때문에	전치사구+현재분사(자동사)+명사

CONTENTS 01 02

위에서 언급된 표현들을 잘 살펴보면 알 수 있듯이 ~ed(과거분사) 분사형용사는 꾸밈을 받는 명사가 영향을 받을 때 사용한다. 그리고 ~ed(현재분사) 분사형용사는 꾸밈을 받는 명사가 영향을 줄 때 사용한다.

감정유발타동사(shock, surprise, bore, interest, excite, ashame...)의 수식을 받는 명사가 사람이면 타동사를 ~ed형태로 사용되어야 하며, 수식을 받는 명사가 사물이면 타동사를 ~ing형태로 사용해야 한다.

ex The game was exciting yesterday. 게임은 어제 흥미로웠다.

경기가 사람들을 흥분시키는 주체(능동적인 행위)이므로 동사는 능동태 exciting으로 바뀐다.

ex We were excited about the test result. 우린 테스트 결과에 흥분했다.

문장의 주어인 we(주격)가 테스트 결과에 의해 흥분을 받은 상태(수동적인 행위)이므로 동사는 수동태 excited로 바뀐다.

② 분사구문이란?

쉽게 풀이하면 부사절을 부사구로 바꾸는 과정이라고 보면 된다. 긴 문장을 좀 더 짧은 문장으로 바꾸는 것이다. 영어의 특징이 긴 문장을 가능하면 짧게 줄여 표현하는 것을 선호한다는 점이다.

부사절) Because he was sick, he couldn't go to work yesterday.

부사구) Being sick, he couldn't go to work yesterday.

그는 아팠기 때문에, 그는 어제 직장에 출근할 수 없었다.

부사절로 사용된 Because he was sick을 부사구 Being sick처럼 줄여 표현했다. 이때 부사절의 주어와 주절에 나온 주어가 동일한 인물일 때 생략 가능하다.

족집게 비법 52, 53

③ 동사의 태

능동태 – 동작의 영향을 줌(~ing)

ex The game was exciting. 경기는 흥미로웠다.

야구 경기를 생각해보자. 흥미로운 야구 경기일수록 흥미진진하다. 관중들을 흥분하게 만들어준다. 감정유발타동사 excite를 이용해서 exciting처럼 말하게 되면 '흥분시키는'처럼 해석이 된다.

즉, 수동이 아닌 능동적으로 누군가를 흥분하게 만들어 줄 수 있게 되는 것이다. 이럴 때 'The game was exciting.'처럼 능동태로 표현하게 되는 것이다.

수동태 – 동작의 영향을 받음(~ed)

ex We were excited about the game. 우린 경기에 흥분되었다.

좋아하는 경기를 보다 보면 나도 모르게 흥분하게 된다. 즉, 경기를 흥분시키는 주체가 아니라 경기에 의해 흥분 당하는 대상이 되는 것이다.

이런 식으로 뭔가에 의해 '흥분된'이라고 말할 때 감정유발타동사 excite를 활용해서 'We were excited about the game.'처럼 수동태로 표현하는 것이다.

감정유발타동사에는 excite(흥분시키다), bore(지루하게 하다), interest(흥미를 갖게 하다), disappoint(실망시키다), embarrass(난처하게 하다), shock(놀라게 하다)...처럼 정말 다양하다.

타동사

타동사는 목적어가 필요하므로 타동사 다음에 목적어의 유무에 따라서 문장이 능동태 또는 수동태로 바뀐다.

ex The shipment from Tokyo should be handled carefully.
도쿄에서 온 선적물은 조심스럽게 처리되어야 한다.

타동사인 handle(취급하다)의 목적어가 바로 뒤에 보이지 않고 주어자리로 도치되었다. 다시 말해서 the shipment가 handle의 목적어가 되는데 목적어가 주어자리로 가서 수동태 문장이 되었다. 주어(the shipment)와 타동사(handle)의 관계가 글 흐름상 수동관계가 되므로 be handled처럼 표현해야 한다.

'----- by + 목적격'의 형태가 보이면 빈칸자리에는 수동태가 정답이 된다.

ex This program was developed by our new director.
이 프로그램은 우리의 새로운 이사에 의해 개발되었다.

자동사

동사 arrive(도착하다), rise(오르다), remain(여전히 있다), exist(존재하다), disappear(사라지다), appear(나타나다), happen(발생하다), occur(발생하다), take place(일어나다), function(작용하다) 등은 자동사로 목적어가 뒤에 나올 수가 없기 때문에 수동태로 바꿔 사용될 수가 없다.

ex The event was taken place yesterday. (X)
The event took place yesterday. (O)

동사 take place는 '(행사) 열리다'로 자동사 역할을 한다. 그러므로 수동태가 불가능하다.

즉, 'The event was taken place yesterday.'처럼 표현할 수가 없다. 'The event took place yesterday.'처럼 말해야 정확한 문장이 된다.

관용적인 수동태 표현

그 밖에 관용적인 수동태 표현들을 살펴보자. 수동태는 기본적으로 'be동사 + 과거분사 + by'의 구조를 갖는데 예외적으로 전치사 by 대신에 동사의 유형에 따라 전치사가 달리 사용이 된다. 한 덩어리로 암기해 두자.

be satisfied with	~에 만족하다	be pleased with	~에 기쁘다
be covered with	~로 덮이다	be filled with	~로 가득 차다
be exposed to	~에 노출되다	be devoted to	~에게 바치다
be dedicated to	~에 헌신하다	be interested in	~에 관심이 있다
be engaged in	~에 종사하다	be involved in	~에 관련되다

be composed of	~로 구성되다	be made up of	~로 구성되다
be derived from	~에서 비롯되다	be surprised at	~에 놀라다
be astonished at	~에 놀라다	be frightened at	~에 놀라다
be based on	~에 근거를 두다	be worried about	~에 대해 걱정되다
be concerned about	~에 대해 근심하다	be applied to	~에 적용되다
be used for	~을 위해 사용되다	be located in	~에 위치하다
be sent to	~로 보내지다	be associated with	~와 연관되다
be restricted to	~에게 제한되다	be known as	~로 알려지다
be known for	~로 유명하다	be assured of	~을 확신하다
be attached to	~에 첨부되다	be entitled to	~할 자격이 있다
be condensed into	~로 요약되다	be employed as	~로 근무하다
be prohibited from	~이 금지되다	be aimed at	~을 목표로 삼다

5형식 동사의 수동태

5형식 동사에는 allow(허락하다), advise(충고하다), encourage(격려하다), ask(요청하다), cause(시키다), invite(초대하다), enable(가능하게 하다) 등이 있는데 이 5형식 동사들의 수동태 구문을 묻는 문제가 종종 출제되고 있다.

다시 말해서 'be asked to+동사, be advised to+동사, be encouraged to+동사, be enabled to+동사, be allowed to+동사, be prepared to+동사, be caused to+동사'처럼 사용될 수가 있다.

ex He was asked to submit his monthly report by Monday.
그는 월요일까지 그의 월간 보고서를 제출하도록 요청받았다.

5형식 동사로 사용된 ask는 보통 'ask + 목적어 + to부정사'의 구조를 갖는데 수동태로 사용될 때는 '목적어 + be asked + to부정사'처럼 바뀐다. 이때 asked처럼 과거분사자리에 빈칸이 나오는 경우가 종종 있다. 그러므로 5형식 동사의 수동태 형태를 눈여겨 봐야 한다.

5형식 동사의 수동태 구조와 의미

be allowed to+동사	~하도록 허락받다	be asked to+동사	~하도록 요청받다
be supposed to+동사	~할 예정이다	be expected to+동사	~하도록 기대되다
be encouraged to+동사	~하도록 격려받다	be invited to+동사	~하도록 초대받다
be required to+동사	~하도록 요구받다	be permitted to+동사	~하도록 허락받다
be obligated to+동사	~할 의무가 있다	be used to+동사	~하기 위해 사용되다
be designed to+동사	~하기 위해 고안되다	be used to+명사/동명사	~에 익숙하다
be advised to+동사	~하도록 충고를 받다	be enabled to+동사	~할 수 있게 되다
be prepared to+동사	~하도록 준비되다	be caused to+동사	~하도록 야기되다

족집게 비법 51

출제 빈도수 ★★★

분사는 형용사처럼 명사(분사+명사)를 수식해 주며 분사는 주격보어(be+분사) 또는 목적격 보어(목적어+분사) 역할을 한다.

토익 시험에서 과거분사(~ed)가 형용사처럼 명사를 앞에서 수식해주는 분사형용사 문제가 종종 출제되고 있다. 다시 말해서 '현재분사(~ing) + 명사'보다는 '과거분사(~ed) + 명사'의 형태가 더 많이 출제되고 있다. 또한, be동사 다음에 빈칸이 나와서 주격보어로써 분사가 답으로 나온다. 이때는 주어와의 관계가 능동인지 아니면 수동인지를 빨리 파악해야 한다.

토익 출제 POINT

ex Because of ***rising*** rents	전치사구(because of) + 분사형용사(***rising***) + 명사(rents)
ex in a ***dignified*** manner	전치사(in) + 부정관사(a) + 분사형용사(***dignified***) + 명사(manner)
ex an ***updated*** job listing	부정관사(an) + 분사형용사(***updated***) + 명사(job) + 명사(listing)
ex ***updated*** line of	분사형용사(***updated***) + 명사(line) + 전치사(of)
ex ***proposed*** changes	분사형용사(***proposed***) + 명사(changes)
ex the ***suggested*** upgrades	정관사(the) + 분사형용사(***suggested***) + 명사(upgrades)
ex recently ***appointed*** president	부사(recently) + 분사형용사(***appointed***) + 명사(president)
ex must be ***finished***	조동사(must) + be동사(be) + 과거분사(***finished***)
ex was ***reflected***	be동사(was)+과거분사(***reflected***)

❖ 실전 문제 ❶

The ---------- event is expected to attract thousands of people from around the country.

(A) culmination (B) culminated

(C) culminating (D) culminate

빈출어휘 attract 끌어모으다, 매혹하다 | culminate 정점에 이르다, 완결시키다 | culmination 정점, 최고점, 최고조 | from around the country 전국 방방곡곡으로부터

❖ 연습 문제 맛보기

Almost all of the analysts still predicted a ---------- rise in stock prices in Korea.

(A) continuing (B) continue
(C) continually (D) continuation

문제풀이 동사 predicted의 목적어로 명사구 'a ----- rise'가 나왔는데 빈칸자리에 사물명사인 rise(상승)를 수식해주는 분사형용사가 들어가야 하는데 부사 continually와 동사 continue는 명사를 수식하지 못하므로 정답은 (A) continuing이다.

빈출어휘 **analyst** 분석(분해)자 | **predict** 예견하다, 예보하다 | **rise in** 상승, 증가 | **continue** 지속하다, 계속하다 | **continuing** 지속적인, 연속적인 | **continually** 끊임없이, 지속적으로 | **continuation** 연속, 지속, 계속

직독직해 거의 모든 분석자들이 / 여전히 예측했다 / 지속적인 상승을 / 주식 가격에서 / 한국에서

오답처리
(A) continuing – 현재분사로 '지속적인'의 뜻이다. 명사 rise를 수식해주는 분사형용사가 된다. 정답!
(B) continue – 동사는 명사로 쓰인 rise를 수식할 수가 없다.
(C) continually – 부사는 명사 rise를 수식 못 한다.
(D) continuation – 명사로 '지속', '연속'이라는 뜻으로 명사 rise와 어울려 복합명사로써 의미가 어색하다.

❖ 실전 문제 ❷

After a ------------ process, select employees will be invited to have dinner with their new president at the end of next week.

(A) screened (B) screening
(C) screeners (D) screen

빈출어휘 **screen** 가로막다, 심사(선발)하다 | **at the end of next week** 다음 주 말쯤에 | **select** 선택된, 선발된

족집게 비법 52

출제 빈도수 ★★☆

be동사+과거분사+전치사(in, by, with, at, about) = 수동태 관용구

수동태는 보통 'be + 과거분사 + by'의 구조를 갖지만, 동사에 따라서 뒤에 나오는 전치사가 다르다. 관용적으로 사용되는 수동태 표현들은 다음과 같다. 동사 유형에 따라서 전치사가 달리 사용된다는 점을 기억해 두자.

be applied to	~에 적용되다	be sent to	~로 보내지다
be restricted to	~에게 제한되다	be attached to	~에 첨부되다
be entitled to	~할 자격이 있다	be pleased to	~해서 기쁘다
be aimed at	~를 목표로 삼다	be surprised at	~에 놀라다
be located in	~에 위치하다	be interested in	~에 관심이 있다
be involved in	~에 관여되다	be worried about	~을 걱정하다
be concerned about	~을 걱정하다	be known as	~로 알려지다
be employed as	~로 근무하다	be used for	~을 위해 사용되다
be known for	~로 유명하다	be associated with	~와 연관되다
be assured of	~을 확신하다	be condensed into	~로 요약되다
be prohibited from	~이 금지되다		

토익 출제 POINT

- ex be ***divided*** into — be동사(be) + 과거분사(***divided***) + 전치사(into)
- ex be formerly ***known*** as — be동사(be) + 부사(formerly) + 과거분사(***known***) + 전치사(as)
- ex be ***pleased*** to announce — be동사(be) + 과거분사(***pleased***) + to부정사(to announce)
- ex be ***revised*** by — be동사(be) + 과거분사(***revised***) + 전치사(by)
- ex be quite ***excited*** about — be동사(be) + 부사(quite) + 과거분사(***excited***) + 전치사(about)

❖ 실전 문제 ❶

Mr. Kang said that this special forum was ---------- to spur cooperation between these two small companies.

(A) exposed　　(B) surprised

(C) intended　　(D) filled

빈출어휘 special 특별한 | cooperation 협조, 협동, 제휴 | intended 의도된 | spur 자극하다, 격려하다 | exposed 노출된(to) | filled 채워진(with) | surprised 놀란(at)

❖ 연습 문제 맛보기

Our company's extreme success was ---------- to its new marketing strategy.

(A) attributed (B) engaged
(C) concerned (D) distributed

문제풀이 문맥상 '~탓으로 돌리다'라고 하면 be attributed to라고 해야 하므로 정답은 (A) attributed이다.

빈출어휘 attributed ~탓으로 돌린(to) | marketing strategy 마케팅 전략 | concerned 근심하는, 걱정되는(about) | engaged 약혼한, ~하고 있는(in) | distributed 분포된, 분산된(to) | extreme 엄청난, 대단한

직독직해 우리 회사의 엄청난 성공을 / 탓으로 돌렸다 / 새로운 마케팅 전략

오답처리
(A) attributed – 'attribute A to B'는 'A를 B의 탓으로 돌리다'이다. 문맥상 자연스럽게 연결된다. 정답!
(B) engaged – '약혼한' 또는 '~하고 있는' 뜻으로 보통 전치사 in이 뒤에 나온다.
(C) concerned – '근심하는' 뜻으로 전치사 about과 함께 사용되어 '~을 걱정하다'라는 의미가 된다.
(D) distributed – '분포된', '분산된'의 뜻으로 글의 흐름상 자연스럽지 못하다.

❖ 실전 문제 ❷

The encouragement for the use of solar energy is ------------ at satisfying our increasing electrical power needs.

(A) concerned (B) condemned
(C) interested (D) aimed

빈출어휘 satisfy(=meet) one's needs 요구들을 충족시키다 | be aimed at ~를 겨냥하다, 목표로 삼다 | concerned 걱정하는, 염려하는(about) | condemned 비난받은 | interested 관심 있는(in) | encouragement 격려, 장려

족집게 비법 53

출제 빈도수 ★★☆

5형식 동사의 수동태 구조

5형식 동사들은 수동태로 바뀌면 'be + 과거분사 + to + 동사원형'의 구조를 갖게 된다. 보통 과거분사 자리에 빈칸을 넣어서 선택지에서 과거분사를 답으로 선택하는 문제가 출제되고 있다는 점을 꼭 기억해 두자.

토익 출제 POINT

ex be ***required*** to possess	be동사 + 과거분사(***required***) + to부정사(to possess)
ex be fully ***prepared*** to answer	be동사 + 부사(fully) + 과거분사(***prepared***) + to부정사(to answer)
ex be ***permitted*** to do	be동사 + 과거분사(***permitted***) + to부정사(to do)
ex be ***expected*** to give	be동사 + 과거분사(***expected***) + to부정사(to give)

❖ 실전 문제 ❶

Japan ---------- to become one of the top three IT powerhouses across the world.

(A) is expected (B) expected
(C) has been expecting (D) will have been expecting

빈출어휘 across the world 전 세계를 통해서 | expect 예상하다, 기대하다 | powerhouse 유력 집단

❖ 연습 문제 맛보기

All visitors are ---------- to show their identification cards to the security guards who are on duty before entering our building.

(A) requiring (B) required
(C) require (D) requirement

문제풀이 be동사 are 다음에는 동사 원형이 나와서는 안 되며 명사 requirement가 답이 되려면 주어와 동격 역할을 해야 한다. 그러므로 현재분사 requiring과 과거분사 required에서 글의 흐름상 '제시하도록 요구받는다'가 되어야 하므로 정답은 (B) required이다.

빈출어휘 visitor 방문객 | identification card 신분증 | security guard 경비원 | on duty 근무 중인 | require 요구하다 | requirement 요구, 필요

직독직해 모든 방문객들은 / 제시하도록 요구받는다 / 그들의 신분증을 / 경비원들에게 / 근무 중인 / 우리 건물에 들어가기 전에

오답처리
(A) requiring – 현재분사로 '요구하는'의 뜻이다. 여기서는 '요구되는(required)'처럼 수동의 의미가 되어야 한다.
(B) required – 과거분사로 '요구되는'의 뜻이다. 5형식 동사로 require는 뒤에 목적어가 나오고 목적보어로 to부정사(to+동 사원형이)가 나온다. 여기서는 5형식 동사가 수동태로 바뀐 문제다. 정답!
(C) require – be동사 다음에는 require처럼 동사 원형이 나올 수가 없다.
(D) requirement – 명사로 주격보어 자리에 나올 때는 주어와 동격의 의미를 가져야 한다.

❖ 실전 문제 ❷

All new employees are ---------- to act in an appropriate and professional manner while working in their offices.

(A) requiring (B) required
(C) to require (D) require

빈출어휘 appropriate 적절한, 적합한 | professional 전문적인, 프로의 | require 요구하다, 요청하다

CONTENTS

토익 시험에서 매달 출제되는 문법!

UNIT08

to부정사/동명사란?

족집게 비법 54

to부정사(to+동사)나 동명사(동사~ing)를 목적어로 취하는 동사들

족집게 비법 55

to부정사 '명사+to부정사, to부정사(목적(~위하여))'와 동명사 '전치사+동명사+목적어(명사)'의 구조

UNIT 08 to부정사&동명사란?

족집게 비법 54, 55

① to부정사와 동명사의 차이점

to부정사(to+동사원형)

to부정사라 하면 왠지 복잡할 것 같은데 간단하게 설명하면 다음과 같다. 우리도 끝에 '이다'로 끝나는 동사에 '것'을 붙이면 마치 명사처럼 사용할 수 있다. 예를 들어 '먹다'를 '먹는 것' 또는 '운동하다'를 '운동하는 것'처럼 말이다. 영어도 동사를 마치 명사처럼 사용할 수 있는 방법이 있다. 동사 앞에 to를 붙여 eat을 to eat처럼 또는 exercise를 to exercise처럼 말이다.

예를 들어보자. 'Exercise is important.'처럼 말하면 '운동하다 중요하다' 왠지 말이 어색하게 들린다. 'To exercise is important.'처럼 표현해야 '운동하는 것은 중요하다.'와 같이 의미가 제대로 전달된다. 여기서 to exercise가 '운동하는 것'으로 문장 주어 자리에 나왔다. 'I like to exercise.'라고 하면 '운동하는 것을 좋아한다.'처럼 to exercise가 목적어자리에 나왔다. 이처럼 모든 동사에 to를 붙여 말하면 마치 명사처럼 만들 수 있다.

즉, to부정사(to+동사원형)는 문장 속에서 명사처럼 주어, 보어, 목적어의 역할을 하거나 형용사처럼 명사를 수식할 수 있는 역할도 한다. 그리고 부사처럼 원인, 결과, 목적등과 같은 의미를 전달해 준다.

to부정사의 명사적용법

ex To live happily is very important to us.
행복하게 사는 것이 우리에게는 매우 중요하다.

to부정사(to live)가 주어 역할을 한다. 즉, to부정사가 문장에서 주어로써 사용되면 명사적용법이라고 말한다.

to부정사의 형용사적용법

ex He has an opportunity to travel around the world.
그는 세계 여행을 할 수 있는 기회가 있다.

to부정사(to travel)가 명사 opportunity를 수식한다. to부정사의 형용사적 용법이라고 한다.

다시 말해서 to부정사가 명사를 꾸며주는 형용사 역할을 할 때를 말한다. 즉, to부정사도 형용사 역할을 하기 때문에 특정 명사를 후치 수식해준다.

이렇게 to부정사에 의해 수식을 받을 수 있는 명사에는 'right(권리) to do, ability(능력) to do, effort(노력) to do, a chance(기회) to do, an opportunity (기회) to do, attempt(시도) to do' 등이 있다.

- to work가 명사 opportunity를 수식

ex We would like to thank you for the opportunity to work with you.
우린 당신과 함께 일을 할 수 있는 기회에 감사를 드리고 싶습니다.

- to refuse가 명사 right를 수식

ex We have the right to refuse your suggestion.
우린 당신 제안을 거부할 수 있는 권한을 가지고 있다.

to부정사의 부사적용법

ex Mr. Choi will leave for New York to meet his important business partner.
미스터 최는 그의 중요한 사업 파트너를 만나러 뉴욕으로 떠날 것이다.

to부정사(to meet)가 문장에서 목적으로 해석되었다. 토익 시험에서 to부정사(to+동사원형)가 '~하기 위해서'로 해석되는 경우가 있다. 이럴 때는 to부정사의 부사적용법으로 '목적'에 해당된다.

빈칸이 보이고 해석상 '~하기 위해'에 해당된다면 거의 정답이 to부정사가 된다. 빈출 유형들을 예로 들어본다.

ex He should call the airline to confirm his flight.
그의 비행편을 확인하기 위해 그는 항공사에 전화해야 한다.

To celebrate its 50th anniversary...
50주년을 기념하기 위해서...

This new medication was used to treat...
이 새로운 약물은 ~을 치료하기 위해 사용되었다.

이처럼 to부정사의 부사적용법 중에 '목적'의 뜻으로 to부정사를 정답으로 고르는 문제가 자주 출제되고 있다.

to부정사를 목적어로 취하는 동사

to부정사를 목적어로 취하는 동사에는 'want(원하다), wish(바라다), hope(희망하다), decide(결정하다), manage(관리하다), expect(기대하다), plan(계획하다), promise(약속하다), intend(의도하다), be able to(할 수 있다)' 등이 있는데 동사들이 미래지향적인 뜻을 가지고 있다.

하지만 예외적으로 동사 fail(실패하다)과 refuse(거부하다)는 미래지향적인 뜻을 갖는 동사가 아니지만, 목적어로 to부정사를 취한다.

ex We failed to meet the deadline.
우린 마감일을 맞추지 못했다.

to부정사의 의미상 주어

to부정사의 의미상 주어 앞에 전치사 for를 넣는 것이다. 이때 to부정사의 의미상의 주어는 'for+목적격'으로 표현한다. 다시 말해서 전치사 for 다음에 인칭대명사 중에서 목적격이 자리를 잡는다.

ex It's impossible for us to finish our new project before the end of this month.
우리가 이달 말 전까지 우리 새로운 프로젝트를 끝내는 것은 불가능하다.

동명사 (동사 + –ing)

동명사는 동사의 성질과 명사의 성질을 동시에 가지고 있다. 다시 말해서 동명사는 동사와 명사 역할을 동시에 하기 때문에 문장 속에서 주어, 보어, 목적어 또는 전치사의 목적어 역할을 하며 동사로써 명사를 목적으로 취할 수가 있다.

다시 말해서 동명사 관한 문제 중에 전치사 다음에 빈칸이 보이고 그다음에 목적어에 해당되는 명사 상당어구가 보이면 빈칸은 전치사의 목적어 역할을 하면서 뒤에 나온 명사(구)를 목적어로 받는 타동사 역할을 동시에 하는 동명사가 들어가야 한다.

ex Mr. Kim was severely reprimanded for making a big mistake last night.
미스터 김은 지난밤에 큰 실수를 한 것에 대해서 호되게 꾸지람을 들었다.

'전치사(for)+동명사(making)+명사구(a big mistake)'의 구조를 갖는다. 다시 말해서 전치사 for의 목적어 역할로 동명사 making이 나왔고 또한 명사구 a big mistake를 목적어로 취할 수 있는 동사 역할로 동명사 making을 취했다.

여기서 주의할 점은 전치사 다음에 빈칸이 나오고 그다음에 목적어로 '한정사+명사(구)', '소유격+명사(구)'처럼 나오면 빈칸은 동명사로 연결되지만, 빈칸 뒤에 '명사(구)'만 나오면 문장 해석을 통해서 답을 찾아야 한다.

이유는 '전치사+형용사/분사+명사(구)'처럼 답이 나올 수가 있기 때문이다. 시험에서 나온 빈출 표현들을 살펴보자.

before consulting with him	그와 상담하기 전에
전치사(before) + 동명사(consulting) + 전치사(with) + 목적격대명사 구조	
without notifying passengers	승객들에게 통보하지 않고
전치사(without) + 동명사(notifying) + 명사(passengers) 구조	
Despite having received additional supplies	추가 공급품을 받았는데도 불구하고
전치사(despite) + 완료동명사(having received) + 형용사(additional) + 명사(supplies) 구조	

동명사를 목적어로 취하는 동사

현재 또는 과거 지향적인 타동사 'admit(인정하다), avoid(피하다), discontinue(중단하다), enjoy(즐기다), postpone(연기하다), consider(고려하다), practice(연습하다), suggest(제안하다), recommend(추천하다), finish(끝내다), mind(주저하다), give up(포기하다)'등이 있다.

ex We discontinued producing this item.
우린 이 품목 생산을 중단했다.

Mike is very committed to helping people that are homeless.
마이크는 집이 없는 사람들을 돕는데 열심히 전념하고 있다.

동명사를 취하는 관용 표현들

동명사를 취하는 관용 표현들에는 'look forward to -ing(학수고대하다), be accustomed to -ing(~에 익숙하다), be opposed to -ing(~에 반대하다), when it comes to -ing(~에 관한 한)'등이 있다.

ex We are really looking forward to working with you.
우린 당신과 함께 일하기를 정말 학수고대하고 있습니다.

기타 전치사 to 다음에 명사나 동명사가 오는 경우가 있다. 한 덩어리로 암기해 두자.

object to	~에 반대하다	be dedicated to	~에 전념하다, 헌신하다
be busy -ing	~하는 데 바쁘다	be capable of -ing	~할 능력이 있다
insist on -ing	~을 주장하다	be worth+명사/동명사	~할 가치가 있다
have difficulty -ing	~하는 데 어려움이 있다	upon -ing	~하자마자
spend+시간/돈 -ing	~하는 데 시간/돈을 소비하다		

② 동사 패턴 – 목적어로 to부정사나 동명사가 나온다.

어떤 타동사냐에 따라 목적어로 to부정사(to+동사원형) 또는 동명사(-ing)가 나온다. to부정사와 동명사 관련 문제에서 중요하게 다루는 파트임을 꼭 기억하자.

동사 + 동명사(-ing)

consider	고려하다	delay	지연시키다	deny	부인하다
enjoy	즐기다	finish	끝내다	suggest	제안하다
include	포함시키다	discontinue	중단하다	recommend	추천하다
give up	포기하다	admit	인정하다	mind	주저하다
look forward to	학수고대하다				

이런 동사들은 목적어로 '동명사(-ing)' 구조를 취한다.

동사 + to부정사

agree	동의하다	decide	결정하다	expect	기대하다
wish	바라다	fail	실패하다	plan	계획하다
refuse	거절하다	want	원하다	manage	다루다
intend	의도하다	hope	희망하다	strive	애쓰다

이런 동사들은 목적어로 'to부정사(to+동사원형)' 구조를 취한다.

동사 + O + to부정사(5형식 동사)

advise	충고하다	allow	허락하다	permit	허가하다
require	요구하다	request	요청하다	enable	가능하게 하다
invite	초대하다	encourage	격려하다	cause	야기하다
force	강요하다	forbid	금지하다	remind	상기시키다
persuade	설득하다				

이런 동사들은 '목적어+to부정사(to+동사원형)' 구조를 취한다.

be동사 + 과거분사 + to부정사 (5형식 동사 수동태)

be asked to do	~하도록 요청받다	be encouraged to do	~하도록 장려되다
be expected to do	~하도록 기대되다	be invited to do	~하도록 초대받다
be urged to do	~하도록 강요받다	be supposed to do	~할 예정이다
be advised to do	~하도록 권고받다	be allowed to do	~하도록 허락받다
be persuaded to do	~하도록 설득되다	be requested to do	~하도록 요청받다

5형식 동사가 수동태로 바뀔 때 'be동사+과거분사+to부정사(to+동사원형)' 구조를 취한다.

be동사 + 형용사 + to부정사

be anxious to	~을 갈망하다	be reluctant to	~하는 것을 주저하다
be ready to	~할 준비가 되다	be eager to	~을 갈망하다
be sure to	틀림없이 ~하다	be (un)able to	~을 할 수 있다 / ~을 할 수 없다
be (un)willing to	기꺼이 ~하다 / ~하는 것을 주저하다	be proud to	~하는 것을 자랑스럽게 생각하다
be keen to	몹시 ~하고 싶어 하다	be (un)likely to	~할 것 같다 / ~하지 않을 것 같다
be happy(pleased) to	~해서 기쁘다		

'be동사+형용사+to부정사(to+동사원형)' 구조를 취한다.

결론적으로 to부정사와 동명사에 관한 문제는 매달 1~2문제 정도 출제되고 있다. 동명사보다는 to부정사 관련 문제가 더 빈번하게 다루어지고 있는 추세다. 특히 part 6에서는 문맥상 to부정사의 부사적용법으로 '목적(~하기 위해서)'에 해당되는 문제가 자주 출제된다. 이와 반대로 part 5에서는 to부정사를 목적어로 취하는 동사를 묻는 문제가 주가 되고 있다.

족집게 비법 54

출제 빈도수 ★★★

to부정사(to+동사)나 동명사(동사~ing)를 목적어로 취하는 동사들

to부정사를 목적어로 취하는 동사에는 'want, wish, decide, intend, expect, plan, fail, refuse'등이 있고, 동명사를 목적어로 취하는 동사에는 'enjoy, discontinue, mind, consider, suggest'등이 있다. 평소에 타동사가 목적어로 to부정사를 취하는지 동명사를 목적어로 취하는지 구별하면서 학습할 필요가 있다.

토익 출제 POINT

ex be prepared ***to offer*** be동사(be)+과거분사(prepared)+to부정사(***to offer***)

ex strive ***to develop*** 자동사(strive)+to부정사(***to develop***)

ex be able ***to negotiate*** be동사(be)+형용사(able)+to부정사(***to negotiate***)

ex allows him ***to monitor*** 불완전타동사(allows)+목적격(him)+to부정사(***to monitor***)

ex need ***to confirm*** your flight 조동사(need)+to부정사(***to confirm***)+소유격대명사(your)+명사(flight)

ex be required ***to adhere*** be동사(be)+과거분사(required)+to부정사(***to adhere***)

ex plan ***to purchase*** 타동사(plan)+to부정사(***to purchase***)

ex recommend ***developing*** 타동사(recommend)+동명사(***developing***)

ex be committed to ***arranging*** be동사(be)+과거분사(committed)+전치사(to)+동명사(***arranging***)

❖ 실전 문제 ❶

All employees are looking forward to ---------- from their president about this year's new project.

(A) hear (B) hears
(C) heard (D) hearing

빈출어휘 | look forward to+-ing ~를 학수고대하다 | president 사장 | hear from ~로부터 직접 소식을 듣다

❖ 연습 문제 맛보기

KEP Corp. decided ---------- experienced consultants to handle its own financial problems a couple of days ago.

(A) hire (B) to hire
(C) hiring (D) hired

문제풀이 동사 decide는 to부정사를 목적어로 취하므로 **정답은** (B) to hire이다.

빈출어휘 **decide** 결심하다, 결정하다 | **hire** 고용하다 | **experienced** 경험이 있는 | **consultant** 컨설턴트, 고문 | **handle** 다루다(deal with) | **financial** 재무상의, 재정상의 | **a couple of days ago** 며칠 전에

직독직해 KEP 기업은 / 고용하기로 결정했다 / 경험이 있는 컨설턴트들을 / 자체 재정상의 문제들을 처리하기 위해 / 며칠 전에

오답처리
(A) hire – 동사 hire는 타동사로 사용된 decide의 목적어 역할을 못한다.
(B) to hire – **타동사인 decide는 목적어로 to부정사를 취한다. 정답!**
(C) hiring – 현재분사나 동명사 역할을 하는 hiring은 타동사 decide의 목적어 역할을 하지 못한다.
(D) hired – 과거동사나 과거분사 역할을 하는 hired는 타동사 decide의 목적어 역할로 적합하지 않다.

❖ 실전 문제 ❷

Those who wish to ---------- their trips need to contact the nearest travel agency as quickly as they can.

(A) extend (B) extends
(C) extended (D) extending

빈출어휘 **extend** 연장하다, 확장하다, 늘리다 | **contact** 연락하다, 접촉하다 | **travel agency** 여행사 | **as quickly as they can** 가능한 한 빨리

족집게 비법 55

출제 빈도수 ★★★

to부정사 '명사+to부정사, to부정사(목적(~위하여))'와 동명사 '전치사+동명사+목적어(명사))'의 구조

to부정사는 명사를 형용사처럼 수식해 주는 역할을 하며 부사로써 목적의 의미를 가지기도 한다. 즉, to부정사는 형용사적용법(명사+to부정사)과 부사적용법으로 목적(~위하여)의 의미를 갖는다. 이와 반대로 동명사 어법 중에 '전치사+동명사+목적어(명사(구))'의 구조를 기억하자. 단 목적어 자리에 '한정사/소유격+명사(구)' 구조가 나오면 동명사가 정답이지만, 반대로 '명사(구)'처럼 명사(구) 앞에서 한정사나 소유격이 안 나오면 글의 흐름상 분사 또는 형용사가 답이 될 수가 있다.

토익 출제 POINT

ex To avoid any traffic problems	to부정사(***to avoid***) + 부정형용사(any) + 명사(traffic) + 명사(problems)
ex be used to treat	be동사(be) + 과거분사(used) + to부정사(***to treat***)
ex is pleased to welcome	be동사(is) + 과거분사(pleased) + to부정사(***to welcome***)
ex is happy to award	be동사(is) + 형용사(happy) + to부정사(***to award***)
ex the proposal to change	정관사(the) + 명사(proposal) + to부정사(***to change***)
ex without notifying passengers	전치사(without) + 동명사(***notifying***) + 명사(passengers)

❖ 실전 문제 ❶

Pan Corp. revealed a new plan to acquire more than 3 sites around Beijing ---------- additional research and development centers.

(A) build (B) to build
(C) have built (D) built

빈출어휘 reveal 누설하다, 밝히다 | more than 이상으로 | additional 추가의, 여분의 | acquire 습득하다, 획득하다 | research and development center 연구 개발 센터

CONTENTS 01 02

❖ 연습 문제 맛보기

This newly adopted online system will be useful and helpful in ---------- books and magazines in our library.

(A) locating (B) located
(C) will locate (D) to locate

문제풀이 전치사 in의 목적어 역할을 하면서 명사구 books and magazines를 목적어로 취하는 동사 역할을 동시에 하는 동명사가 적절하므로 **정답은** (A) locating이 된다.

빈출어휘 **helpful** 도움이 되는, 편리한 | **useful** 유용한 | **novel** 소설 | **magazine** 잡지 | **locate** 위치하다, 찾다, 발견하다

직독직해 이 새롭게 도입된 온라인 시스템은 / 유용하고 도움이 될 것이다 / 책들과 잡지들을 찾는데 / 우리 도서관에서

오답처리
(A) locating – **전치사 in의 목적어 역할을 하면서 뒤에 나온** books and magazines**를 목적어로 취할 수 있는 동명사가 필요하다. 정답**
(B) located – 목적어로 나온 books and magazines 앞에 한정사나 소유격이 보이지 않기에 분사 또는 형용사가 답이 될 수 있다. 여기서 과거분사 located는 '~에 위치한'의 뜻으로 목적어와 문맥의 어울리지 않는다.
(C) will locate – 전치사 in 다음에는 목적어로 명사(구)가 나온다. '조동사+동사'는 전치사 다음에 나올 수가 없다.
(D) to locate – 전치사 in 다음에 to부정사가 목적어 역할을 할 수가 없다.

❖ 실전 문제 ❷

Our company is currently working on ---------- a new marketing strategy to improve its brand image.

(A) introduce (B) introducing
(C) introduced (D) introduces

빈출어휘 company 회사, 동료 | currently 현재 | work on 착수하다, 계속 일하다 | introduce 소개하다, 도입하다 | marketing strategy 마케팅 전략 | improve 향상시키다, 개선시키다

CONTENTS

토익 시험에서 매달 출제되는 문법!

UNIT09

시제란?

족집게 비법 56

현재/과거/미래시제, 현재완료/과거완료/미래완료시제를 구별한다

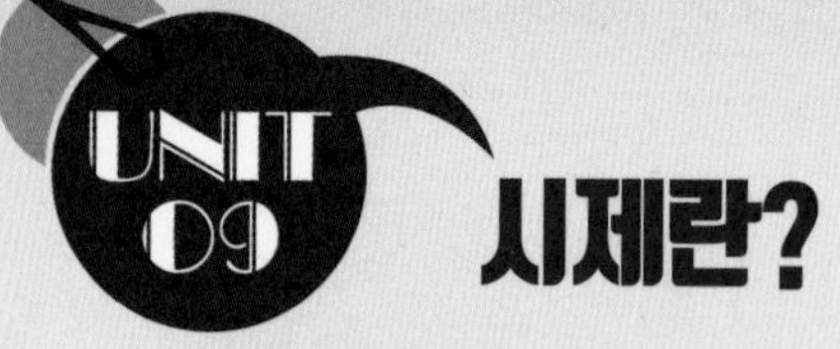

시제란?

족집게 비법 56

① 현재/과거/미래시제

최근 토익시험에서 시제 관련 문제는 Part 5보다는 Part 6에서 매달 출제되고 있다. 물론 문장의 흐름을 통해서 시제를 결정하는 유형으로 출제되고 있는 추세다. 그러므로 정확한 문맥을 통해서 시제를 결정하는 연습을 해야 할 것이다.

예전처럼 단순히 문장에서 시간을 나타내는 부사, 부사구, 부사절을 통해서 답을 찾는 것보다는 글의 전반적인 흐름을 통해서 동사의 시제를 결정해야 하기 때문에 어렵게 느껴진다. 그리고 주어와 동사의 수의일치, 주어와의 관계가 능동인지 수동인지도 파악해야 한다. 또한, 동사가 자동사인지 아니면 타동사인지도 살펴봐야 하기 때문에 특히 이점에 신경 써야 한다.

현재시제

현재시제를 사용할 때는 보통 일반적인 사실이나 습관 따위를 얘기할 때다. 보통 부사 always(항상), usually(일반적으로), every day(매일)는 현재시제와 함께 사용된다. 단, 시간/조건 부사절에서는 미래시제 대신에 현재시제를 쓴다. 주절의 시제는 조동사 will과 함께 사용된다.

ex Our company usually charges a small fee.
우리 회사는 일반적으로 적은 수수료를 부과한다.

문장의 주어는 our company이고 동사는 charges이다. 그리고 a small fee는 목적어 역할을 한다. 완전한 문장 구성이 되는데 여기에 부사 usually(일반적으로)가 동사 charges 앞에 나와 꾸며주는 역할을 한다. 은행이 적은 수수료를 부과하는 일이 하루 이틀이 아닌 평소에 늘 이루어지고 있는 행위이기 때문에 현재동사 charges를 사용했다.

과거시제

과거를 나타내는 부사(구, 절)가 문장에 나오면 과거시제를 답으로 고른다. 과거시제는 단순히 과거 사실만을 언급하는 것이다. 다시 말해서 현재와는 아무 상관이 없다.

특히 시간 부사구 ago(전), before(전에), yesterday(어제), last week(지난 주에), at that time(그 당시), in+과거 연도는 과거 동사와 함께 사용된다.

ex We finished our project a couple of days ago.
며칠 전에 우린 프로젝트를 끝냈다.

시간부사구 a couple of days ago를 통해서 과거시제라는 것을 알 수가 있다. 그래서 과거동사 finished를 썼다.

미래시제

동사 expect(기대하다), predict(예견하다)처럼 미래의 의미를 지닌 동사가 문장에 보이면 미래시제를 사용한다.

또한, 미래를 나타내는 부사(구) tomorrow(내일), next week(다음 주), next month(다음 달), as of next week(다음 주부터)와 함께 사용된다.

그리고 부사 soon(곧)은 미래시제와 어울린다. 다시 말해서 동사의 시제와 시간을 나타내는 부사, 부사구, 부사절과는 일치한다.

ex We will have our monthly meeting next Friday.
우린 다음 주 금요일에 월례회의를 가질 것이다.

시간부사구 next Friday를 통해서 동사가 미래시제라는 것을 알 수가 있다. 그래서 미래 시점을 나타내는 조동사 will과 동사 have를 함께 사용했다.

족집게 비법 56

② 현재완료/과거완료/미래완료시제

현재완료

보통 'have(has)+과거분사'의 구조를 가지며 문맥상 '완료, 경험, 결과, 계속' 등으로 번역이 된다. 과거동사는 단순히 과거의 사실만을 알 수가 있고 현재 어떤 상황이 전개되는지는 알 수가 없다.

하지만 현재완료는 과거에 발생된 상황이 지금까지 지속되고 있다는 것을 알 수가 있다. 다시 말해서 '현재와 과거가 함께 공존한다'는 것이다.

주의할 점은 전치사 for와 접속사와 전치사 역할을 동시에 하는 since는 보통 현재완료 시제와 함께 사용된다. 단, since 다음에 과거시점이나 과거동사가 나온다는 것을 기억하자.

현재완료진행형) He has been working here since he was 20.
그는 20살 이후부터 여기서 일 해오고 있었다.

현재완료) She has lived here for five months.
그녀는 여기에 5개월 동안 살았다.

현재완료 시제와 결합되는 어구에는 'so far(지금까지), since(이후로), ever(지금까지), lately(최근에), recently(최근에), for+기간(~동안), in recent years(요즘은), over the past few years(지난 몇 년에 걸쳐서)'등이 있다.

과거완료

보통 'had+과거분사'의 구조를 가지면 과거를 기준으로 더 이전에 발생한 일에 대해서 과거완료시제를 사용한다. 즉, 과거형 동사보다 한 단계 먼저 발생한 일은 과거완료 시제로 표기해야 한다.

ex) The last train had already left before we arrived.
우리가 도착하기 전에 마지막 기차는 이미 떠났다.

마지막 기차가 떠난 사실은 우리가 도착한 사실보다 더 먼저 일어났다. 다시 말해서 우리가 도착한 것은 과거지만 마지막 기차가 떠난 것은 과거보다 더 과거인 대과거이다. 그래서 had left처럼 과거완료로 표현한 것이다.

미래완료

보통 'will+have+과거분사~+by the time'의 구조를 묻는 문제가 출제되었고 미래의 일정한 시점까지의 동작 또는 상태의 계속을 나타낸다. 즉, By+미래 표시 시간 부사어구(tomorrow, next week(month, year), 2012...)와 미래완료가 함께 사용된다. 때로는 By the time+미래사건(동사의 현재형으로 나타냄), 주어+will+have+과거분사 구조도 갖는다.

ex By the end of next year, Mr. Wang will have been working at Sony Electronics Inc. for 20 years.
내년 말이면, 미스터 왕은 20년 동안 소니 전자에서 일하게 되는 것이다.

She will have worked here for about 10 years by the time she stops working.
그녀가 일을 그만둘 때쯤이면 그녀는 여기서 약 10년 동안 일을 하게 되는 것이다.

예외적으로 시간 또는 조건 부사절에서는 현재가 미래를, 현재완료가 미래완료를 대신한다.

ex If it snows tomorrow, the event will be postponed.
만약 내일 눈이 오면, 행사는 연기될 것이다.

부사절을 이끄는 접속사 if 다음에 미래시점을 나타내는 부사 tomorrow가 나와서 미래 동사 will snow를 써야할 것 같지만, 조건 부사절일 경우에는 미래 대신에 현재시제가 나온다.

예문을 보면 '내일 눈이 온다면'처럼 조건을 달아놓았다. 이럴 때는 비록 내용이 미래를 나타내지만 현재동사가 미래시점을 대신하는 것이다.

③ 주절에 권유, 제안, 요구, 주장의 뜻을 갖는 동사가 나오면 종속절은 주절의 시제와는 상관없이 동사원형이 나와야 한다.

주절에 권유(recommend), 제안(suggest), 요구(ask), 주장(insist) 같은 내용이 오면 종속절에 '주어+동사원형'이 온다. 이때 주절의 시제가 현재이든 과거이든 상관없이 종속절의 동사 시제는 현재가 되어야 한다.

ex He asks that the work be done immediately.
그는 그 일을 즉시 하도록 요구한다.

원래는 the work should be done처럼 조동사 should를 써야 하는데 should를 생략한 것이다. 조동사 should 다음에는 동사원형이 나오는 것은 당연하다. 그리고 주어(the work)와 동사(be done)처럼 문맥상 수동관계가 되어야 한다.

다시 말해서 that절 다음에는 동사원형을 써야 하지만 이때 주어와의 관계가 능동인지 수동인지를 꼭 파악해야 한다.

'It is+(감정, 이성의 판단의) 형용사+that+주어+동사원형'이 나온다.

감정 또는 이성 판단의 형용사에는 essential(필수의), important(중요한), necessary(필요한), imperative(필수의)...처럼 다양하다.

ex It is important that she finish her project on time.
그녀가 제때에 그녀의 프로젝트를 끝내는 것이 중요하다.

'명령동사의 파생명사+that+주어+동사원형'의 구조를 갖는다. 예를 들어 suggestion(제안), proposal(제안), recommendation(권고), demand(요구) 등이 그렇다.

ex The recommendation of the report is that our weekly meeting be postponed until next Monday.
보고서의 권고에 의해 우리의 주간회의가 다음 주 월요일까지 연기되어야 한다.

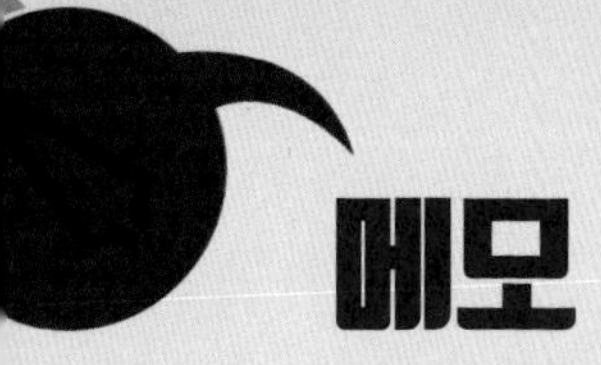

메모

족집게 비법 56

출제 빈도수 ★★★

현재/과거/미래시제, 현재완료/과거완료/미래완료시제를 구별한다.

동사 시제는 매월 파트 5보다는 파트 6에서 더 많이 출제되며 단순히 부사, 부사 상당어구를 통해서 동사 시제를 결정하는 것보다는 글의 흐름을 통해서 적절한 동사 시제를 찾도록 출제되는 추세다. 다시 말해서 파트 6에서 동사의 시제 문제는 매달 출제되고 있다.

토익 출제 POINT

ex before you ***finish*** your project

부사절 접속사(before) + 주격대명사(you) + 타동사(***finish***) + 소유격대명사(your) + 명사(project)

ex He ***gained*** a better understanding

주격대명사(he) + 타동사(***gained***) + 부정관사(a) + 형용사(better) + 명사(understanding)

ex She ***has seen*** your report

주격대명사(she) + 현재완료(***has seen***) + 소유격대명사(your) + 명사(report)

❖ 실전 문제 ❶

Since the new sales manager was hired last April, our executive director ---------- him for his great performance.

(A) has been praised (B) praises
(C) has been praising (D) praised

빈출어휘 | hire 고용하다 | sales manager 영업부장 | executive director 전무이사 | performance 업무 | praise 칭찬하다, 찬사하다

❖ 연습 문제 맛보기

Our Korean restaurant is presently under construction and ---------- reopening at the end of next week.

(A) are (B) was
(C) will be (D) has been

문제풀이 동사시제 문제로 부사구 at the end of next week가 답의 단서를 제공하고 있다. 미래부사구와 어울리는 시제는 will be뿐이므로 정답은 (C) will be이다.

빈출어휘 **presently** 근래에, 현재(currently) | **under construction** 공사 중인 | **at the end of** ~의 말쯤에 | **reopen** 재개하다, 다시 열다

직독직해 우리 한식집은 / 현재 공사 중이며 / 다시 열릴 것이다 / 다음 주 말쯤에

오답처리
(A) are – 등위접속사 and 다음에 빈칸자리는 현재분사 reopening과 어울리는 be동사가 들어가는데 주어가 our Korean restaurant처럼 단수이기에 복수동사 are는 오답이다.
(B) was – 시간부사구 at the end of next week을 통해 동사 시제가 미래라는 것을 알 수 있다.
(C) will be – 시간부사구 at the end of next week을 통해 동사의 시제가 미래가 되어야 하는 것을 알 수가 있다. 정답!
(D) has been – 현재완료 has been은 미래를 나타내는 at the end of next week과 어울리지 못한다.

❖ 실전 문제 ❷

The bank usually ---------- commission when its customers change their travellers cheques.

(A) charged (B) charges
(C) charge (D) will charge

빈출어휘 **usually** 보통, 일반적으로(always) | **charge** 부과하다, 채우다 | **commission** 수수료, 위임, 위탁 | **travellers cheques** 여행자 수표

CONTENTS

토익 시험에서 매달 출제되는 문법!

UNIT10

관계대명사란?

족집게 비법 57

관계대명사 who, whom, which, whose, that, what의 차이점

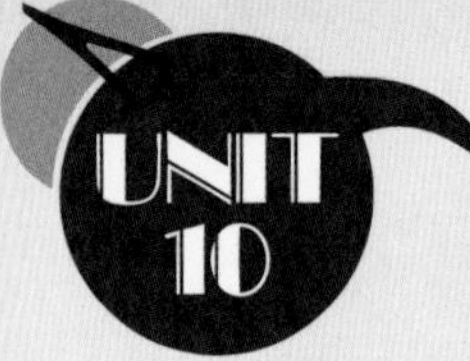

관계대명사란?

족집게 비법 57

① 관계대명사란?

관계대명사는 접속사와 대명사 역할을 동시에 한다. 쉽게 생각하면 관계대명사 앞에는 무조건 사물이든 사람이든 명사가 나와야 한다. 관계대명사로 연결되는 문장은 형용사처럼 앞에 나온 선행사를 꾸며주는 역할을 한다.

토익 시험에서는 매달 1문제 정도 출제되고 있으며, 선행사를 통해 who, which, that을 결정하는 유형으로 출제되고 있다. 복잡한 문제들은 잘 나오지 않고 있다. 그러므로 관계대명사의 기본적인 역할만 익혀두면 된다.

관계대명사의 격 구분

선행사 다음에 빈칸이 보이고 그다음에 어떤 구조가 나오냐에 따라 관계대명사가 결정된다.

선행사 ----- 동사 - 주격 관계대명사(who/which/that)

ex Mr. Kang works for a company which produces a lot of bicycles.
미스터 강은 많은 자전거를 생산하는 회사에서 일한다.

선행사 ----- 명사+동사 - 소유격 관계대명사(whose)

ex Sam is my co-worker whose job performance is excellent.
샘은 내 직장 동료로 업무 수행이 훌륭하다.

소유격 관계대명사 whose 다음에 복합명사(job performance)가 왔으며 관계사 다음의 문장이 절의 형태를 갖춘다. 그리고 소유격 관계대명사는 한정사 역할을 하므로 그다음에 관사 등이 올 수 없다.

또한, 관계사절 다음에 온 문장은 완벽하다. 소유격 관계대명사의 기본 역할을 문장을 통해 익혀두는 것이 좋다.

선행사 ----- 주어+타동사/전치사 - 목적격 관계대명사(whom/which/that)

ex He is the man whom we can trust. 그는 우리가 믿을 수 있는 남자다.

The house in which he lives is very expensive.
그가 살고 있는 집은 매우 비싸다.

토익 시험에서 'seminar that you requested'처럼 타동사 request의 목적어인 seminar가 that 앞으로 도치가 되었다. 여기서 that이 목적격 관계대명사 역할을 한다.

관계대명사 that과 what의 차이점

관계대명사는 that은 선행사가 사람이든 사물이든 상관없이 다 꾸며 줄 수가 있지만, 서술적 용법에서는 사용될 수가 없다. 다시 말해서 관계대명사로 사용된 that 앞에는 콤마(,)가 나올 수가 없다. 예를 들어

- 관계대명사 that을 who로 바꾼다.

ex There were two young women, that became teachers.
젊은 두 여자가 있었는데, 그들은 선생님이 되었다.

- 관계대명사 who 대신에 that을 사용할 수가 없다.

ex There were two young women, who became teachers.
젊은 두 여자가 있었는데, 그들은 선생님이 되었다.

선행사가 two young women이며 주격 관계대명사 역할을 하는 that 다음에는 불완전자동사 became이 나왔다. 이처럼 관계대명사 앞에 선행사로 사람이 나오고 뒤에는 동사가 보일 때 that 또는 who를 사용해야 한다.

다만 앞에 콤마(,)가 보일 때는 that 대신에 who를 사용해야 한다.

ex He remembers the person **that** he met yesterday.
그는 어제 만났던 사람을 기억한다.

타동사 met의 목적어가 보이지 않는다. 즉, '그는 어제 만났다'처럼 누구를 만났는지 알 수가 없다. 내용이 불완전하게 들린다.

이럴 때 that이 관계대명사 역할을 하는데 타동사 met 다음에 목적어가 보이지 않기 때문에 목적격 관계대명사 역할을 하며 선행사는 바로 앞에 나온 명사 person이다.

다시 말해서 that 이하의 문장이 완전하면 that은 접속사 역할을 하는 것이며 that 이하의 문장이 불완전하면 that은 관계대명사 역할을 하는 것이다.

ex It is true **that** he is honest. 그가 정직하다는 것은 사실이다.

that으로 연결된 문장에서 주어는 he이고 be동사 is가 보인다. 그리고 주격보어로 형용사 honest가 나왔다. 완전한 문장을 이룬다. 이럴 때 that은 접속사 역할을 한다.

관계대명사 what은 그 자체에 선행사를 포함하고 있고 문장 속에서 주어, 목적어 그리고 보어 역할을 할 수가 있다.

주어 역할) **What** he said is true. 그가 말했던 것은 사실이다.

문장에서 be동사 is의 주어 자리에 나왔다.

목적어 역할) We need to save **what** we earn. 우리가 버는 것을 우린 아껴야 한다.

동사 save의 목적어 자리에 나왔다.

보어 역할) That is **what** she wants. 그것은 그녀가 원하는 것이다.

be동사 is 다음에 주격보어 자리에 나왔다.

결론적으로 관계대명사나 명사절을 이끄는 접속사 that 이하의 문장이 완전하면 that은 접속사이며, 불완전하다면 관계대명사다.

그리고 what이 관계대명사로 사용될 때는 what 자체에 선행사가 포함되어 있기에 관계대명사 what으로 연결되는 이하의 문장은 불완전하다. 이게 차이점이다.

② 복합 관계대명사 / 복합 관계부사 구조

관계대명사나 관계부사에 ever를 붙여 말하면 일종의 강조를 나타내는 것이다. 예를 들어 주격 관계대명사 who는 '누구'인데 여기에 ever를 붙여 whoever처럼 복합 관계대명사로 표현하면 '누구든지'처럼 의미가 한층 더 강조가 된다.

기본적인 복합 관계대명사와 복합 관계부사의 구조는 다음과 같다. 예문을 통해 익혀두자. 복합 관계대명사나 복합 관계부사에 관련된 문제는 출제 빈도가 상당히 낮은 편이다.

However+형용사/부사+주어+동사, 주어+동사

ex However humble it may be, there is no place like home.
아무리 초라할지라도, 집 같은 장소는 없다.

Whenever/Wherever+완전한 문장, 주어+동사

ex Whenever Tony visits us, he will be welcomed.
토니가 우리를 방문할 때마다, 그는 환영받을 것이다.

Whoever/Whatever+불완전한 문장, 주어+동사

ex Whatever you want, it's yours.
당신이 무엇을 원하던, 당신 겁니다.

③ Those who / Anyone who / Whoever의 차이점

'Those who+동사'는 '~하는 사람들'이란 뜻이다. 딱히 정해져 있지 않고 막연한 사람들을 언급할 때 마치 부정대명사처럼 사용된 것이다.

Those who are interested in... ~에 관심 있는 사람들

ex Anyone who is interested in attending our monthly meeting should contact us as soon as possible.
우리 월례회의 참여에 관심 있는 누구든지 가능한 한 빨리 우리에게 연락해야 한다.

생략) Anyone interested in...

주격관계대명사 who와 be동사 is를 함께 생략할 수 있다.

대체) Whoever is interested in...

선행사 anyone과 주격 관계대명사 who를 복합관계대명사 whoever로 대체했다.

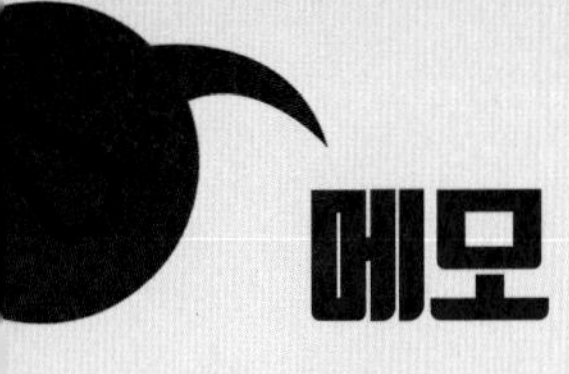

메모

족집게 비법 57

출제 빈도수 ★★★

관계대명사 who, whom, which, whose, that, what의 차이점

관계대명사 문제는 토익 시험에서 매달 1문제 정도 파트 5 또는 파트 6에서 출제된다. 기본적인 관계대명사 어법만 묻는 문제들이 대부분이다. 가끔은 선택지에 관계부사가 함께 나오는 경우도 있다.

토익 출제 POINT

ex people ***who*** volunteer	명사(people) + 주격 관계대명사(***who***) + 타동사(volunteer)
ex ***whose*** water consumption is	소유격 관계대명사(***whose***) + 명사(water) + 명사(consumption) + be동사(is)
ex ***whose*** work includes	소유격 관계대명사(***whose***) + 명사(work) + 타동사(includes)
ex most of ***whom*** are	부정대명사(most) + 전치사(of) + 목적격 관계대명사(***whom***) + be동사(are)
ex local restaurants ***that*** have	형용사(local) + 명사(restaurants) + 주격 관계대명사(***that***) + 타동사(have)

❖ 실전 문제 ❶

A lot of Korean pop singers took part in the Yamaha World Song Festival, ---------- was held in Tokyo.

(A) what (B) who
(C) which (D) that

빈출어휘 take part in 참여하다, 참석하다 | pop singer 대중가수

❖ 연습 문제 맛보기

At the monthly meeting, ---------- opened in Chicago, Mr. Kang made an important speech about his new marketing strategy.

(A) when (B) whose
(C) which (D) who

문제풀이 선행사(monthly meeting)가 사물이며 과거동사 opened의 주어 역할을 하는 주격 관계대명사 which가 빈칸에 들어가야 한다. 관계부사 when으로 연결되는 경우에는 문장이 완벽해야 한다. 정답은 (C) which이다.

빈출어휘 **monthly meeting** 월례회의 | **make an important speech** 중요한 연설을 하다 | **marketing strategy** 마케팅 전략

직독직해 월례회의에서 / 시카고에서 열렸던 / 미스터 강은 / 중요한 연설을 했다 / 그의 새 마케팅 전략에 관한

오답처리
(A) when – 관계부사 when 이하의 문장은 완벽해야 한다.
(B) whose – 형용사처럼 명사를 수식해 주는 소유격 관계대명사는 'whose+명사'의 구조를 갖는다.
(C) which – **주격이나 목적격 관계대명사로 사용되는 which가 주격 관계대명사 역할을 할 때는 바로 뒤에 주어가 생략된 상태로 동사가 나오게 되어있다. 정답!**
(D) who – 주격 관계대명사로 선행사가 the monthly meeting처럼 사물이 나왔다. 선행사로 사람을 취하는 who는 오답이 된다.

❖ 실전 문제 ❷

The committee is in charge of making important decisions on PTK auto company ---------- dispute is causing labor strife.

(A) whose (B) whom
(C) what (D) when

빈출어휘 be in charge of ~을 책임지다 | dispute 논쟁, 싸움, 토론(over) | make decisions 결정하다 | committee 위원회 | important 중요한

CONTENTS

토익 시험에서 가끔 출제되는 문법!

UNIT 11

수의 일치란?

족집게 비법 58

주어와 동사 사이의 수의 일치는 맞아야 한다

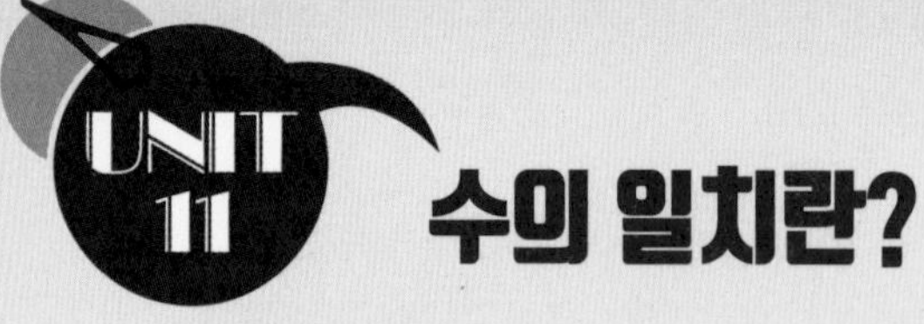

UNIT 11 수의 일치란?

족집게 비법 58

① 수의 일치

영어 문장을 이루는 기본은 바로 주어와 동사이다. 그다음에 살을 덧붙여 문장을 길게 만들면 된다. 문장이 짧으면 주어와 동사가 쉽게 한눈에 보인다.

하지만 중간에 삽입구나 전치사구가 들어가면 주어와 동사 간의 거리가 점점 멀어져 간다. 이때 주어는 무엇이며 본동사는 어디에 있는지 빨리 파악해서 주어와 동사 사이에 수를 맞춰야 한다.

즉, 주어가 단수명사이면 동사도 단수동사, 주어가 복수명사이면 동사도 복수동사가 되어야 한다. 이를 수의 일치라고 한다. 주어와 동사의 수를 맞춘다는 것이다. 기본적인 수의 일치에 관한 문법 사항들을 살펴보자.

every 또는 each 다음에는 단수명사가 나오며 동사는 단수동사가 된다. 반면에 all 다음에 가산복수명사가 나오면 동사는 복수동사가 된다.

ex Every employee needs to attend the annual meeting on Friday.
모든 직원들은 금요일에 연례회의에 참석해야 한다.

All employees need to attend the annual meeting on Friday.
모든 직원들은 금요일에 연례회의에 참석해야 한다.

수량형용사 many 다음에는 가산복수명사가 나오며 동사는 복수동사가 되지만 수량형용사 much 다음에는 불가산명사가 나오며 동사는 단수동사가 된다.

ex Many people want to travel around the world.
많은 사람들은 세계 여행을 하길 원한다.

명사를 수식해주는 수량형용사 many는 수를 나타내므로 바로 뒤에 가산복수명사(people)가 나온다. 그리고 much는 양을 나타내므로 불가산명사를 꾸며준다. 다시 말해서 much time을 many time처럼 표현할 수가 없다. 또한, many는 복수명사를 동반할 수가 있으므로 동사도 당연히 복수가 나와야 하며

much는 셀 수가 없는 불가산명사를 꾸며주므로 동사는 복수가 존재하지 않고 오로지 단수 동사만을 사용해야 한다.

the number of 다음에 복수명사가 나올지라도 동사는 단수동사가 되며 a number of(=several) 다음에는 복수명사가 나오며 동사는 복수동사가 된다.

ex A number of people want to stay inside.
다수의 사람들이 실내에 머물기를 원한다.

부분명사의 수는 전체명사의 수에 의해 결정된다.

some of/any of/all of/most of/a lot of/lots of/plenty of/half of/the rest of/part of+복수명사+복수동사 / 단수명사+단수동사가 된다. 좀 복잡하게 보이겠지만 예문을 통해 익혀두면 된다.

ex Some of the buses have already left.
몇몇 버스들은 이미 출발했다.

some of the buses처럼 전치사 of 다음에 복수명사 buses가 나왔다. 이럴 때 동사를 복수형(have)으로 사용해야 한다.

one of/each of/every one of/either of+복수명사+단수동사가 나온다.

ex One of the employees is on sick leave.
직원 하나가 병가 중이다.

복수명사 employees가 be동사 is 앞에 바로 나왔기에 문장의 주어 역할을 한다고 착각하면 안 된다. 진짜 주어는 one이기 때문에 동사도 단수형이 되어야 한다.

상관 접속사에서 주어와 동사의 수의 일치는 동사와 가까운 명사에 맞춘다.

ex Either he or you have to attend the monthly meeting on Monday.
그 또는 당신이 월요일에 월간회의에 참석해야 한다.

주어와 동사 사이에 삽입구(전치사구, 형용사구(절), 부정사구)가 있는 경우에 삽입어구를 괄호로 묶어버리면 주어와 동사 사이의 수의 일치를 쉽게 정할 수 있다. 그리고 주격 관계대명사 다음에 나오는 동사는 앞의 나온 선행사에 따라 수의 일치를 맞춘다.

ex The decision (to go swimming) was cancelled this morning.
수영하려는 결정이 오늘 아침에 취소되었다.

to부정사 to go는 앞에 나온 명사 decision을 꾸며주는 형용사 역할을 한다. 한마디로 to부정사의 형용사적 용법이다. to부정사를 괄호로 묶어 버리면 주어가 정관사 the 다음에 나온 명사 decision이라는 것을 알 수가 있다. 단수명사이기에 be동사도 was처럼 단수형이 나온 것이다. 부사구 this morning을 통해 과거동사가 사용되었다.

ex The house, with the broken windows, is for sale.
고장이 난 창문들이 있는 집이 판매 중이다.

양쪽에 콤마로 연결된 전치사구 with the broken windows를 괄호로 묶어서 보면 정관사 the 다음에 나온 명사 house가 주어 역할을 한다. 그러므로 동사 is가 나와야 한다.

족집게 비법 58

② 주어와 동사의 수의 일치 방법

ex Please fill out your application form before you leave the room.
방을 나서기 전에 당신 신청서를 작성해 주십시오.

우선 주어와의 수의 일치를 확인한다. 주어가 2인칭(you)이므로 동사는 leave가 된다. 그리고 본동사자리에 준동사 역할을 하는 to부정사나 동명사는 들어갈 수가 없다. 또한, 주절과 종속절의 동사 시제를 확인해야 하며, 동사가 자동사인지 아니면 타동사인지를 구별한 후에 타동사인 경우 목적어로 명사(구)가 뒤에 보이지 않으면 동사 자리는 수동태로 나와야 한다. 오답이 되는 보기는 to leave, leaving, leaves, left이다.

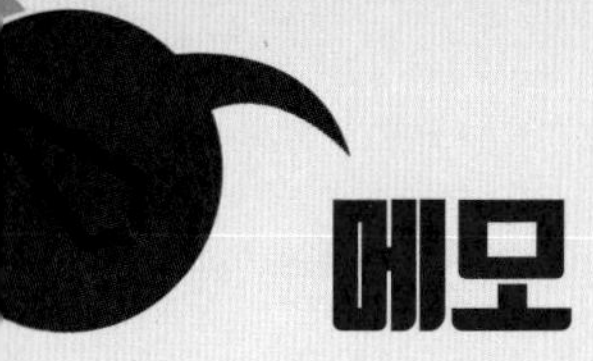

메모

족집게 비법 58

출제 빈도수 ★★☆

주어와 동사 사이의 수의 일치는 맞아야 한다.

주어와 동사의 수는 일치해야 한다. 맞는 말이다. 동사의 수는 주어의 수에 의해 결정된다. 예를 들어 주어가 단수명사이면 단수동사를, 주어가 복수명사면 복수동사를 사용하는 것이 당연하다. 특히 '주어+전치사구+동사'의 유형처럼 주어와 본동사 사이에 전치사구가 보이면 문장의 주어를 찾아 단수인지 복수인지를 빨리 파악해서 주어와 동사 사이의 수의 일치를 결정해야 한다.

토익 출제 POINT

ex The travel documents ***are*** necessary

정관사(the) + 명사(travel) + 명사(documents) + be동사(***are***) + 형용사(necessary)

ex The demand for these computers ***has been***

정관사(the) + 명사(demand) + 전치사(for) + 지시형용사(these)
+ 명사(computers) + 현재완료(***has been***)

❖ 실전 문제 ❶

The demand for these new printers ---------- increasing significantly over the past few months.

(A) has been　　(B) is
(C) have been　　(D) are

빈출어휘 demand for 수요, 요구 | increase 증가하다, 상승하다 | significantly 현저하게, 상당히, 엄청나게(dramatically) | over the past few months 지난 몇 개월에 걸쳐서

❖ 연습 문제 맛보기

A lot of investors often ---------- a wrong investment due to their lack of expertise.

(A) make (B) makes
(C) has made (D) making

문제풀이 수량 형용사 a lot of 다음에 가산 복수명사 investors가 나왔으므로 본동사 자리에는 수의 일치로 복수동사가 나와야 한다. **정답은** (A) make이다.

빈출어휘 due to ~때문에 | expertise 전문기술(지식) | make a wrong investment 잘못 투자하다 | lack of 부족, 결핍

직독직해 많은 투자자들이 / 종종 투자를 잘못한다 / 그들의 전문지식 부족 때문에

오답처리
(A) make – 주어가 a lot of investors이므로 복수동사가 빈칸에 들어간다. 정답!
(B) makes – 3인칭 단수동사인 makes는 주어와 수의 일치가 안 된다.
(C) has made – 주어가 복수명사 a lot of investors이기에 현재완료 has made와는 수의 일치가 안 된다.
(D) making – 현재분사인 making은 본동사 역할을 하지 못 한다.

❖ 실전 문제 ❷

A number of well-qualified workers ---------- recently left this company.

(A) has (B) have
(C) is (D) was

빈출어휘 well-qualified 적임의, 자질을 갖춘 | recently 최근에, 근래에 | a number of 다수의(several)

CONTENTS

토익 시험에서 가장 출제되는 문법!

UNIT 12

가정법이란?

족집게 비법 59

가정법 현재, 가정법 과거, 가정법 과거완료, 가정법 미래를 기억한다

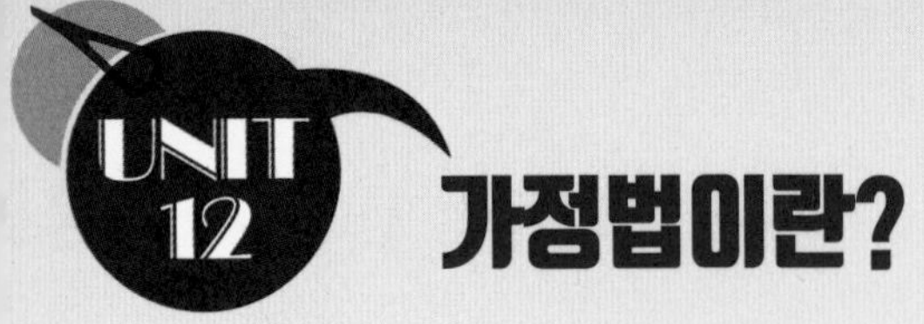

가정법이란?

① 가정법이란?

실제로 발생하지 않은 일 또는 혹시나 이루지 못한 일에 대해서 아쉬움을 표현할 때 가정법을 사용한다. 요즘 최신 토익 시험에는 가정법과 관련된 문제들이 잘 출제되고 있지 않다. 하지만 기본적으로 가정법에 관련된 문법 사항들을 익힐 필요는 있다.

족집게 비법 59

② 가정법 현재 / 가정법 과거 / 가정법 과거완료 / 가정법 미래

가정법 현재

'If 주어+현재형동사, 주어+조동사(will, shall, can, may)+동사원형'의 구조로 현재 또는 미래에 대한 불확실한 것을 상상할 때 사용한다.

ex If they expand their market, more investors will be sure to invest in their firm.
만약 그들이 그들의 시장을 넓이면, 더 많은 투자자들이 그들 회사에 확실히 투자할 것이다.

가정법 과거

'If+주어+과거형동사, 주어+조동사 과거형(could, should, would, might)+동사원형'의 구조로 현재의 사실에 정반대되는 것을 가정해서 나타날 때 사용하며 해석을 현재로 한다.

ex If we were in their situation, we would not do that.
우리가 그들의 입장이라면, 우린 그런 일을 하지 않을 것이다.

가정법 과거완료

'If+주어+had+과거분사, 주어+조동사 과거형+have+과거분사'의 구조로 과거의 사실에 정반대되는 것을 가정할 때 사용하며 해석은 과거로 한다.

ex If she had known that he lied to her, she wouldn't have married him.
그가 그녀에게 거짓말 한 것을 그녀가 알았다면, 그녀는 그와 결혼을 하지 않았을 것이다.

가정법 미래

'If+주어+should+동사원형, 주어+조동사+동사원형/명령문 / Should+주어+동사원형, 주어+조동사+동사원형/명령문'의 구조를 갖는다.

ex If you should need any help, please call me as soon as possible.
만약 당신이 어떤 도움이라도 필요하면, 가능한 한 빨리 저에게 전화해주십시오.

- if를 생략하면 조동사와 주어가 도치된다.

ex Should you need any help, please call me as soon as possible.
어떤 도움이라도 필요하면, 가능한 한 빨리 저에게 전화하십시오.

족집게 비법 59

출제 빈도수 ★☆☆

가정법 현재, 가정법 과거, 가정법 과거완료, 가정법 미래를 기억한다.

예전 구토익에서는 자주 출제되었는데 최신 토익에는 출제 빈도가 상당히 낮다. 하지만 기본적인 가정법의 어법만 기억해 두자. 가정법 현재, 가정법 과거, 가정법 과거완료, 가정법 미래의 차이점이 뭔지 학습할 필요가 있다.

토익 출제 POINT

ex ***If*** Mr. Wang had checked　　　가정법(***if***) + 주어(Mr. Wang) + 과거완료(had checked)

❖ 실전 문제 ❶

---------- the market for compact digital cameras grows at a steady rate, we'll be able to expand into the Chinese market in the near future.

(A) If　　　(B) Given
(C) That　　　(D) Either

빈출어휘 market 시장 | grows at a steady rate 지속적으로 성장한다면 | expand into ~으로 진출하다 | in the near future 가까운 미래에

CONTENTS 01 02

❖ 연습 문제 맛보기

---------- this is our mistake, we'll have to provide a full refund for it.

(A) That
(B) Except for
(C) If
(D) In case of

문제풀이 주절에 we(주어)+will have to provide(미래시제)가 나오기 위해서는 가정법 현재를 이끄는 if절에는 'if 주어+동사(현재시제)'가 되어야 하므로 **정답은 (C) if**가 된다.

빈출어휘 mistake 실수 | a full refund 전액환불 | except for ~을 제외하고 | in case of ~한 경우에

직독직해 만약 이것이 / 우리의 실수라면 / 우리는 / 제공해야 할 것이다 / 전액 환불을 / 그것에 대한

오답처리
(A) That – that은 명사절을 이끄는 접속사이다. 문장 구조상 어울리지 못한다.
(B) Except for – 전치사구 역할을 하기 때문에 뒤에 절(주어+동사)의 구조를 취할 수가 없다.
(C) If – **가정법 현재를 이끄는 if가 필요하다. 정답!**
(D) In case of – 전치사구로 '주어+동사'처럼 절의 구조를 취하지 못한다.

❖ 실전 문제 ❷

If you ---------- not to tell anyone else, we'll tell you how much we paid for this heavy equipment.

(A) promised
(B) had promised
(C) promise
(D) has promised

빈출어휘 pay for ~에 대해 지불하다 | heavy equipment 중장비

CONTENTS

토익 시험에서 가장 출제되는 문법!

UNIT13

비교급이란?

족집게 비법 60

동등비교(as~as), 비교급(more~than, less~than), 최상급(the+est)을 기억하자

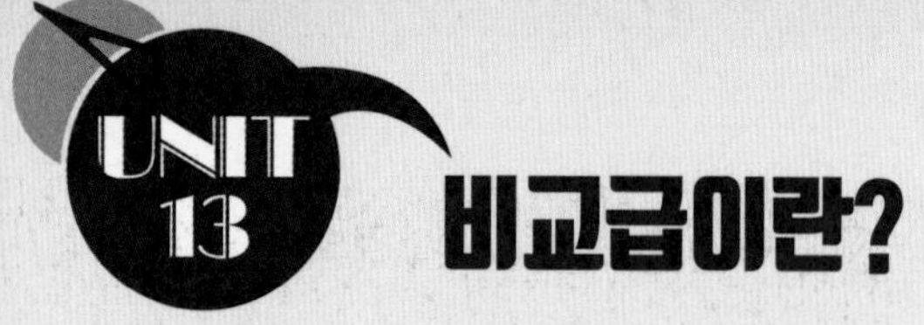

UNIT 13 비교급이란?

① 비교급이란?

비교라는 말은 남과 뭔가에 대해 저울질 하는 것이다. 더 나을 수도 있지만 그와 반대가 될 수도 있다.

토익 시험에서 비교급에 관한 문제는 기본적인 문법 사항만 묻는다. 원급비교(as~as), 비교급(more~than, less~than) 그리고 최상급(the+est)이 대표적이다. 가끔 비교급이나 최상급을 강조해 주는 어구를 묻는 경우도 있다.

족집게 비법 60

② 비교급의 여러 형태

원급비교 (as+형용사/부사원급+as (~만큼 ~한))

동등비교인 as~as는 '~처럼 ~하다'로 빈칸에 as를 넣는 문제가 출제된 적이 있다.

ex The tree is as tall as my house.
나무는 내 집만큼 크다.

be동사의 보어 역할을 하는 형용사 tall이 나왔다.

ex She ran as quickly as possible.
그녀는 가능한 한 빨리 달렸다.

부사 quickly는 자동사 ran을 수식해 준다.

비교급 (more~than, less~than)

토익 시험에서 문제에 than이 보이면 비교급(er, more)을 꼭 확인해 본다. 쉬운 유형이지만 집중 안 하면 틀릴 수가 있기 때문이다. 비교급(er, more) 대신에 동등비교를 나타내는 as가 답으로 들어가면 안 된다.

비교급 강조 어구에는 even, still, far, a lot, by far, much 등이 있다. 비교급 앞에 나와 강조해주는 역할을 한다.

ex It was more efficient than... ~보다 더 효율적이었다.

It is even more expensive than we expected.
우리가 예상했던 것 보다 훨씬 더 비싸다.

even larger 훨씬 더 큰, even better 훨씬 더 좋은

the 비교급, ~the 비교급 (더욱더 ~하면, 더욱더 ~하다)

비교급 앞에서는 정관사 the를 사용할 수가 없지만, 예외적으로 the를 붙이는 경우다.

ex The more one has, the more one wants.
더 많이 가지면, 더 많이 원한다.

the+비교급+of the two (둘 중에서 더 ~한)

둘 사이에 비교구문이며 이런 경우에는 비교급일지라도 정관사 the를 사용한다.

ex Of these two applicants, Kim is the better qualified.
이 두 명의 지원자들 중에, 김이 더 적격이다.

라틴어 비교급

superior to(~보다 탁월한), inferior to(~보다 열등한), senior to(~보다 손위의), junior to(~보다 손아래의), prior to(~전에) 등이 있다.

최상급 (the + est)

최상급은 available, possible 또는 ever와 함께 사용될 수 있다.

최상급은 의미 자체에서 쉽게 알 수 있듯이 해당 범위 중에서 '가장 ~한'이라는 뜻을 가지게 된다. 때로는 해석을 통해서 최상급을 찾아야 하는 경우도 생긴다. 최상급을 강조해 주는 어구는 부사 very이다.

ex This restaurant offers the highest quality in seafood throughout the region.
이 식당은 전 지역을 통해서 가장 최고 품질의 해산물을 제공한다.

전치사구 throughout the region을 통해서 이 식당이 가장 최고 품질의 해산물을 제공하는 것을 알 수가 있다. 이럴 때 최상급 the highest로 표현해야 한다.

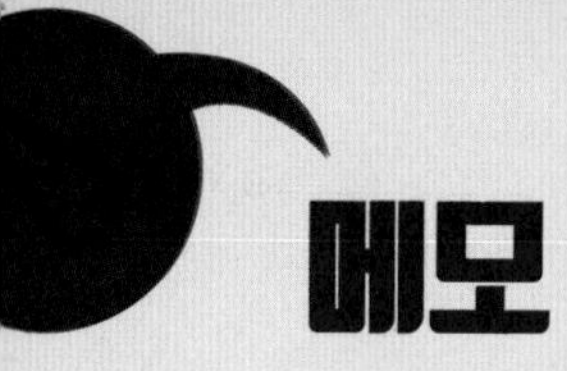

메모

족집게 비법 60

출제 빈도수 ★☆☆

동등비교(as~as), 비교급(more~than, less~than), 최상급(the+est)을 기억하자.

비교급에 관한 아주 쉬운 유형의 문제들만 출제되고 있는 추세다. 물론 가끔은 문맥 흐름을 통해서 최상급을 선택해야 하는 경우도 있다. 최신 토익 시험에서는 출제 빈도가 그다지 높지가 않다. 출제된 포인트를 보면 more than enough(충분하고도 남은)처럼 비교급 관용표현이나 원급이나 최상급을 강조할 때 사용하는 부사 very, 그리고 동등비교로 as를 답으로 찾는 문제 정도였다.

토익 출제 POINT

ex the very ***latest***	정관사(the) + 부사(very) + 최상급(***latest***)
ex ***more than*** enough	비교급(***more than***) + 부사(enough)
ex ***as*** many people ***as*** possible	동등비교(***as***) + 수량형용사(many) + 명사(people) + 동등비교(***as***) + 형용사(possible)

❖ 실전 문제 ❶

It proved that it would be much ---------- for a potential home buyer to get a loan from the bank than expected.

(A) easy (B) easier

(C) easiest (D) easily

빈출어휘 prove 증명하다, 판명하다 | potential 잠재적인 | home buyer 주택 구매자 | get a loan 융자를 받다 | expected 예상된

❖ 연습 문제 맛보기

The number of people using their smartphones while driving is increasing ---------- faster than most experts expected.

(A) much (B) more
(C) most (D) many

문제풀이 비교급 faster를 강조해 주는 부사에는 still, even, much 등이 있으므로 빈칸에는 부사 much가 들어가야 한다. 정답은 (A) much이다.

빈출어휘 increase 상승시키다, 증진시키다 | expert 전문가 | expect 기대하다

직독직해 사람들의 수는 / 그들의 스마트폰을 사용하는 / 운전 중에 / 증가하고 있다 / 훨씬 빠르게 / 대부분의 전문가들이 / 예상했던 것보다

오답처리
(A) much – 비교급 faster를 강조해주는 어구로 much를 사용할 수 있다. 정답!
(B) more – 비교급 faster 앞에 또 비교급 more가 나올 수가 없다.
(C) most – 부사 most는 비교급 faster를 수식 못 한다. 보통 형용사나 부사를 수식해서 최상급을 만들 때 사용된다.
(D) many – 수량형용사 many는 비교급 faster를 수식해 주는 역할을 못 한다.

❖ 실전 문제 ❷

The result of a public opinion poll was received ---------- by the local residents than by the local lawmakers.

(A) enthusiastically (B) enthusiastic
(C) enthusiasm (D) more enthusiastically

빈출어휘 result 결과, 결말, 성과 | public opinion poll 여론 조사 | receive 수령하다, 받아들이다 | local resident 지역 주민 | local lawmaker 지역 국회의원 | enthusiastically 열정적으로, 열렬하게 | enthusiastic 열심의, 열광적인 | enthusiasm 열정, 열광, 열중

실전문제 정답

토익 시험에서 매달 출제되는 유형만 정리한 족집게 비법 60개와 관련된 실전문제의 정답을 알려드립니다.

<table>
<tr><td rowspan="2">족집게 비법 01</td><td>❶</td><td>A</td><td rowspan="2">족집게 비법 08</td><td>❶</td><td>B</td><td rowspan="2">족집게 비법 15</td><td>❶</td><td>B</td><td rowspan="2">족집게 비법 22</td><td>❶</td><td>B</td></tr>
<tr><td>❷</td><td>A</td><td>❷</td><td>B</td><td>❷</td><td>A</td><td>❷</td><td>D</td></tr>
<tr><td rowspan="2">족집게 비법 02</td><td>❶</td><td>A</td><td rowspan="2">족집게 비법 09</td><td>❶</td><td>C</td><td rowspan="2">족집게 비법 16</td><td>❶</td><td>D</td><td rowspan="2">족집게 비법 23</td><td>❶</td><td>B</td></tr>
<tr><td>❷</td><td>D</td><td>❷</td><td>A</td><td>❷</td><td>A</td><td>❷</td><td>A</td></tr>
<tr><td rowspan="2">족집게 비법 03</td><td>❶</td><td>B</td><td rowspan="2">족집게 비법 10</td><td>❶</td><td>A</td><td rowspan="2">족집게 비법 17</td><td>❶</td><td>B</td><td rowspan="2">족집게 비법 24</td><td>❶</td><td>C</td></tr>
<tr><td>❷</td><td>C</td><td>❷</td><td>B</td><td>❷</td><td>B</td><td>❷</td><td>C</td></tr>
<tr><td rowspan="2">족집게 비법 04</td><td>❶</td><td>A</td><td rowspan="2">족집게 비법 11</td><td>❶</td><td>C</td><td rowspan="2">족집게 비법 18</td><td>❶</td><td>A</td><td rowspan="2">족집게 비법 25</td><td>❶</td><td>B</td></tr>
<tr><td>❷</td><td>A</td><td>❷</td><td>A</td><td>❷</td><td>B</td><td>❷</td><td>B</td></tr>
<tr><td rowspan="2">족집게 비법 05</td><td>❶</td><td>A</td><td rowspan="2">족집게 비법 12</td><td>❶</td><td>C</td><td rowspan="2">족집게 비법 19</td><td>❶</td><td>C</td><td rowspan="2">족집게 비법 26</td><td>❶</td><td>B</td></tr>
<tr><td>❷</td><td>B</td><td>❷</td><td>A</td><td>❷</td><td>D</td><td>❷</td><td>D</td></tr>
<tr><td rowspan="2">족집게 비법 06</td><td>❶</td><td>C</td><td rowspan="2">족집게 비법 13</td><td>❶</td><td>C</td><td rowspan="2">족집게 비법 20</td><td>❶</td><td>D</td><td rowspan="2">족집게 비법 27</td><td>❶</td><td>C</td></tr>
<tr><td>❷</td><td>A</td><td>❷</td><td>B</td><td>❷</td><td>A</td><td>❷</td><td>B</td></tr>
<tr><td rowspan="2">족집게 비법 07</td><td>❶</td><td>A</td><td rowspan="2">족집게 비법 14</td><td>❶</td><td>A</td><td rowspan="2">족집게 비법 21</td><td>❶</td><td>B</td><td rowspan="2">족집게 비법 28</td><td>❶</td><td>D</td></tr>
<tr><td>❷</td><td>B</td><td>❷</td><td>C</td><td>❷</td><td>A</td><td>❷</td><td>D</td></tr>
</table>

족집게 비법 29	❶	A	족집게 비법 37	❶	B	족집게 비법 45	❶	A	족집게 비법 53	❶	A
	❷	C		❷	B		❷	B		❷	B
족집게 비법 30	❶	B	족집게 비법 38	❶	A	족집게 비법 46	❶	B	족집게 비법 54	❶	D
	❷	D		❷	C		❷	C		❷	A
족집게 비법 31	❶	D	족집게 비법 39	❶	C	족집게 비법 47	❶	A	족집게 비법 55	❶	B
	❷	A		❷	D		❷	B		❷	B
족집게 비법 32	❶	B	족집게 비법 40	❶	A	족집게 비법 48	❶	A	족집게 비법 56	❶	C
	❷	D		❷	B		❷	A		❷	B
족집게 비법 33	❶	A	족집게 비법 41	❶	B	족집게 비법 49	❶	A	족집게 비법 57	❶	C
	❷	A		❷	B		❷	B		❷	A
족집게 비법 34	❶	D	족집게 비법 42	❶	A	족집게 비법 50	❶	B	족집게 비법 58	❶	A
	❷	A		❷	B		❷	C		❷	B
족집게 비법 35	❶	A	족집게 비법 43	❶	A	족집게 비법 51	❶	C	족집게 비법 59	❶	A
	❷	C		❷	B		❷	B		❷	C
족집게 비법 36	❶	A	족집게 비법 44	❶	D	족집게 비법 52	❶	C	족집게 비법 60	❶	B
	❷	C		❷	A		❷	D		❷	D

토익 빈출 VOCA 1000, 실전문제 직독직해, 오답노트 등 교재에서 다루지 못한 내용을 무료로 다운받을 수 있도록 했습니다.

홈페이지(www.pub365.co.kr) 도서 자료실에서 무료로 다운받으면 됩니다!

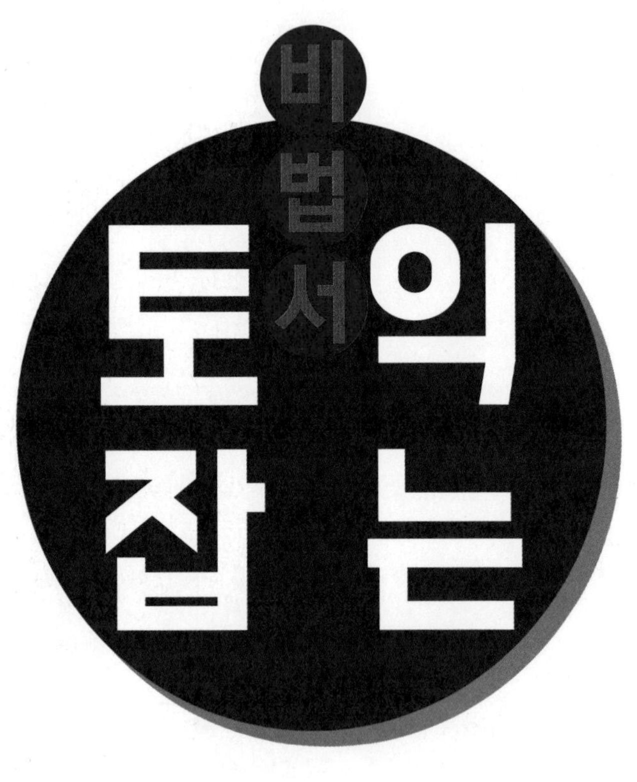
비법서
토익
잡는